U0018023

中國近三百年哲學史

蔣維喬編著

中華書局印行

中國近三百年哲學史

例言

一本書敍述清初以至現代哲學思想之變遷，故名中國近三百年哲學史。

一本書取材極近，如梁啓超王國維之哲學思想，亦皆採入。

一本書畫分兩大時期：一復演古代學術之時期；一吸收外來思想之時期；每時期又詳列各派各家之學說。

一本書成當倉卒，或不免有謬誤之處；讀者若加以指正，極所歡迎。

中國近三百年哲學史目錄

中國近三百年哲學史

總論

自清康熙初年（紀元一六六二）以迄於今三百年中間，學術思想之劇變，不亞於周秦諸子之時。明代中葉，陽明學派，風靡一世，及其末流，則徒騁遊說，毫無實際；遂啓反動之機。明清之交，遺民顧炎武黃宗羲等，提倡經世致用之實學，開有清一代之學風；顧氏尤爲考證學之鼻祖。清代之考證學，推倒宋明之性理學而代興，可以表現時代之特徵。然於哲學上，則供獻殊鮮。至於現代，西洋思想，漸漸輸入，而哲學思想，將來必放一異彩，可斷言也。

綜觀近三百年之學術思想，可分兩大時期：一復演古來學術；二爲吸收外來思想。當宋明理學衰頹之時，有考證學派出，排斥宋學之空疏，自唐溯漢，提倡許鄭之樸學。無論治經治史，以及諸子，皆重訓詁，憑實證，用科學的精神，整理古籍，是卽考證學之特長。清代自康雍以至乾隆時，考證學發展至極點，特尊之曰漢學，以示別於宋學。實則復演前代之學術，自宋以倒溯至東漢也。至乾嘉以後，考證之途已窮，學者無可致力。且域外交通大開，中外思想接觸，覺我國所以貧弱，外國所以富强，必有重大之原因在。才智之士，對於政體與社會根本組織，均起懷疑；而以清廷禁網尙嚴，不敢公然反對，乃爲文藝復興之運動，卽道咸以後所產生之公羊學派是也。此派莊存與劉申受倡之於前，龔自珍魏源繼之於後，而大振於康有爲。實則推倒考證家東漢之古文學，而復演西漢之今文學也。至於今日，則學者對於周秦諸子之研究，極盛一時；凡關於諸子之整理解釋，以及闡發其哲學思想之著作，日出不窮。此則由西漢而復演及於周秦也。且自殷墟龜甲文出土後，經羅振玉王國維注釋以來，考證學又一轉而爲考古學；發見古代社會，在殷朝尙是石器青銅器時代；而文字尙在創造之中。於是對於經典所稱唐虞三代之文明，頓起懷疑。此考古學今日尙未大盛，發掘工作，尙未完成，將來於學術上必有一番大改革，可無疑義。此則自周秦以復演至於殷代也。此復演古來之學術，層層倒溯而上，頗爲奇觀；經一次復演，必有一次之創獲，使後之學者，得所依據，其功不可沒也。此外有顏元之實用派，直標周孔以自別於程朱，彭紹升羅有高從王學入手而歸宿於佛門，皆有特異之色彩者也。至於吸收外來思想，其發端遠在明末，徐光啟與西洋教士，翻譯天算水利諸書，是爲外學輸入之第一期。清康熙帝時，用西洋人利瑪竇湯若望等改正曆算，編曆象考成儀象考成等書，是爲外學輸入之第二期。同治年間，曾國藩辦江南製造局，翻譯製造、測量、格致、兵書，是爲外學輸入之第三期。此一二三期中所注意者，類皆偏重物質科學，於思想上並無影響。迨至近世，嚴復譯出天演論羣學肆言等書，始於國人思想上發生大影響。同時王國維介紹康德叔本華尼采之學說。至近十餘年中外國哲學家，如杜威羅素，親到中國講演，中外思想之接觸，日近一日，必有結合之時期。證以我國歷史之先例，如佛教在漢末輸入中國，經過魏晉南北朝至唐代，而國人方能盡量吸收，自創天台華嚴兩宗；再至宋代，儒家方融合道佛爲一爐，自成性理之學；凡千餘年而始將外來思想融合消化，以成爲學派；則此後吸收西洋思想自成中國哲學，其爲期固不在近也。

由上所說，則近三百年之哲學思想，固可分爲兩大時期，前期又可分爲理學派，

第一編　複演古來學術之時期

明末王學狂恣之流弊，學者雖厭惡之，然尚未有公然反對者，雖顧炎武爲考證學之祖，亦不過提倡程朱以斥陸王而已。黃宗羲亦從王學入手，而創經世致用之學。至乾嘉間惠棟戴震出世，考證學大成；方公然推倒宋學，揭櫫漢學。可知在清初時理學派尚非全無勢力也。理學派中又可分爲程朱學派，陸王學派，朱王折衷學派。

第一章　程朱學派

第一節　顧炎武

一　略傳及著書

顧炎武字寧人，號亭林，崑山花浦村人。生於明神宗萬歷四十一年，（紀元一六一三）歿於清康熙二十一年，（紀元一六八二）年七十歲。性耿介絕俗，狀貌英秀，事繼母王氏甚孝。明亡時，清師下江南，炎武糾合同志，舉義兵，不成，崑山城破。母年六十，謂炎武曰：「我雖婦人，然義不可屈；」不食而卒。臨終，以世食明祿，勿仕二姓，誡炎武。炎武奉遺敎，終生不渝。周遊天下，所至考其山川風俗，古今治亂之迹，自金石碑碣，以及地理經濟之學，無所不通。出遊時，後車滿載書籍，作實地之參考。見聞既廣，卓然自成一家，當代咸目爲通儒。康熙十六年，始卜居陝之華陰。諸生有請講學者，謝之曰：「近日李二曲，亦以聚徒講學得名，遂招逼迫，幾至凶死；雖威武不屈，然名之累則已甚；況東林之覆轍，由此而進者耶。」康熙十七年，詔徵博學鴻儒，諸公卿爭欲羅致之。炎武乃豫使門人之在京者辭之曰：「刀繩具在，勿速我死。」炎武既負用世之才，未得一試；於是在雁門之北，五臺山東，及長白山下，墾田牧畜，以實行其經濟政策；墾熟之田，恆交其弟子管理之，故其財用常饒足云。

著書有日知錄三十二卷；補遺四卷；天下郡國利病書百二十卷；肇域記一百卷；音學五書三十八卷；五經異同三卷；左傳杜解補正三卷；九經誤字一卷；石經考一卷；金石文字記六卷；經世編十二卷；下學指南六卷；文集六卷；詩集五卷；歷代帝王宅京

記十卷，昌平山水記二卷。此外小品著述尚多，大都收入亭林遺書。

二　學說

炎武博學多聞，考證精詳，長於經濟。抱用世之志，最忌空談。有鑒於晚明王學，類於狂禪，故專奉著實周到之朱學，排斥陸王。嘗曰：「古今安得別有所謂理學，經學即理學也。自有舍經學以言理學者，而邪說以興。」（全祖望林亭先生神道碑）此經學即理學之言，正是推翻宋明理學，而直進於六經根柢之標語。唐鑑有云：「亭林之學，主明體達用，經世濟人。以卓犖不羣之才，抱俯仰無窮之志，足跡半天下，所交皆賢豪有道之士，而卒著書以老，使人追慕於簡策之間而不能置。夫先生之爲通儒，人人能言之；而不知先生之所以通，不在外而在內，不在制度典禮而在學問思辨也。是以平心察理，事事求實，凡所論述，權度惟精，往往折衷於朱子。」（國朝學案小識）觀此，可知炎武之學養，雖不如宋明諸儒，專力於理氣心性，然實闡明道之體用，究極於經世之術。其所著日知錄，最足表顯其學風；其求學之精神，爲後來考證學之基礎；故炎武可謂之程朱派之考證學者。

理氣心性之學，自宋迄明，可謂登峰造極。闡發已無餘蘊；清代儒者，苦無研究之餘地。於是一轉其方向，注意及考證學。故哲學思想可以論述者，雖大家如炎武，亦不免有寂寥之感。然其實踐方面，則各有一說。今舉其爲學之要旨如左：

> 曰博學於文，行已有恥；自一身以至天下國家皆學之事；自子臣弟友以至出入往來辭受取與之間，皆有恥之事。不恥惡衣惡食，而恥匹夫匹婦不被其澤。故曰：萬物皆備於我，反身而誠。（下學指南）

此語雖甚簡易，然爲學經世之綱領，不出乎此。炎武不幸處明清革命之際，不得實施其抱負。然觀其言行，眞王佐之才也。其與友人論學一書，頗足見其主義之所在。今撮其要點如左：

> 大學言心不言性，中庸言性不言心。來教單提心字，而未竟其說，未敢漫然許可，以墮於謝上蔡張橫渠陸象山三家之學。竊以爲聖人之道，下學上達之方；其行在孝弟忠信；其職在洒掃應對進退；其文在詩書三禮周易春秋；其用之於身，在

出處辭受取與；其施之於天下，在政令敎化刑法；其所著之書，皆以撥亂反正移風易俗，以馴至乎治平之用，而無益者，一切不談。（與友人書）

觀此，則炎武之踐履篤實，根本上極似程朱；而其專求實際，不落空談，則又在程朱以外，自成一種樸學。無怪後來之考證學，推炎武爲初祖也。

第二節　陸世儀

一　略傳及著書

陸世儀，字道威，號桴亭，江蘇太倉人。生於明萬歷三十九年。（紀元一六一一）長於陸隴其十九歲，與顧炎武黃宗羲等相先後。當劉宗周在「蕺山書院」講學時，世儀欲往聽講，未果，一生常引爲遺恨。是時流賊橫行天下，彼見生民之塗炭，上書朝廷，謂宜破成格「舉用文武幹略之士」，不報。退而鑿地十畝，築亭其中，高臥閉門謝客，因號稱桴亭。明亡後，曾在東林講學；已而復講學於毘陵。及歸太倉，亦講學不輟。清朝屢欲起用之，固辭不出。專修「程朱學」，終身從事著述，與陸隴其及張楊園等齊

名，海內仰爲眞儒。康熙十一年，六十二歲卒。（紀元一六七二）

著有思辨錄二十二卷，後集十三卷，此書前後經十二年之研究而成，故其思想盡在於中。此外有論學酬答四卷，儒宗理要六十卷，性善圖說一卷，據其傳，則未刋者尚有數種。四庫全書提要評之曰：「世儀之學，以敦守禮法爲主，不虛談誠敬之旨；以施行實政爲主，不空爲心性之功；於近世講學諸家，最爲篤實，其言皆深切著明，」蓋確評也。

二　學說

陸氏爲學之特色，是能體得程朱著實之旨，不作虛空之談。嘗謂：「天下無講學之人，此世道之衰也；天下皆講學之人，亦世道之衰也」又曰：「今之所當學者，正不止六藝，天文，地理，河渠，兵法之類，皆切世用，不可不講。俗儒不知內聖外王之學，徒高談性命，無補於世；迂拙之誚，所以來也。」（思辨錄卷一）彼譏貶俗儒空迂之外，又舉爲學五弊曰「談經書而流於傳註者；尚經濟而趨於權譎者；務古學而爲奇博無實者；看史學而入於泛濫者；攻文辭而溺於詞藻者；是皆不知大道之故也。不知大道，則胸無主宰，心緒常差錯，而不得步於正道。」（思辨錄）至於何者爲大道？則是周公孔子之道，亦卽天地自然之道，學者卽學此道也。一部中庸，只說一個道字；一部大學，只說一個學字；學字原於天者謂之「道」，修於人者謂之「學」，貫天人而一之者，謂之「道學」。是故『道生天地，天地生人；無此道，則天地且不成天地，人又何能念及之！故宏道之君子，不可不竭力從事於道與學。此道在天地之間，本不可見，學道之人則能見之。「鳶飛戾天，魚躍於淵，」謂其能深察上下，徧滿空中，無不是道。』（同上）意謂人物之生，本自天人合一而來，能參贊天地之化育，全受全歸者，則爲聖人。窮其道欲近於聖人者，則爲學道之人。其解學道如是；桴亭之道，是儒家之正脈也。至謂聖人是稟天地之正氣以生，此是繼承程朱之性說。

要之陸氏以爲道外無學，道學外無聖人，而聖人卽爲天地合一者，道之具象化者。故立志讀聖賢之書，卽爲學者；立志行聖賢之事，卽爲學問。彼以大學中庸爲學者入門之書，道學之所寄託者。學之基礎，當植於是，而其中居敬，格致，誠正，修齊，治平，卽爲爲學之過程，爲國家造就有用之人才，卽出於此。其注重實學之一點，所以在清代程朱學派中爲出人頭地之學者也。且其言曰：

近世之講學，多似晉人之淸談，淸談甚有害於事。孔門無不就一語之實處敎人。孔子曰：「君子欲訥於言，而敏於行；」又曰：「敏於事而愼於言；」又曰：「君子先行其言而後從之；」又曰：「君子恥其言而過其行；」俱是恐人之言過其實也。正（正德武宗年號）嘉（嘉靖世宗年號）之間，道學盛行；至隆（隆慶穆宗年號）萬（萬曆神宗年號）而益盛，一日而天下靡然從風，惟以口舌相尙，意思索然盡矣。

陸氏於道學之根本論，則始終主張「居敬窮理」四字。以爲是學聖人之第一工夫，「徹上徹下，徹首徹尾，只此四字。」又謂「居敬是主宰處，窮理是進步處。程子亦曰：涵養須用敬，進學則在於致知。」（思辨錄卷二）此點與程朱殆無出入。

陸氏爲學，雖無創說，然以「道生天地，天地生人，人配天地，故能盡道」四句，爲周子「太極圖說」之旨義；其理氣妙合論，則又打破羅整菴之「道一元說」，究明理氣之屬性;皆堪注目。蓋彼先從太極入手,以太極二字原本繫辭,不過祖述孔子之舊;至於主靜以立人極之見解,則爲周子所獨創;太極圖說全篇之主意當在此一點。故讀此書,但論太極,不察人極,則周子之意旨當全失卻。故云:「不知太極,則無天地;不知人極,則無人;此之謂不誠無物。」(思辨錄卷四)其合太極人極爲一,而謂二者不可相離,與中庸「道也者不可須臾離也,可離非道也」之言,同其旨。離了天道則無人道,離了人道則無天道。蓋用渾然一體之理,以觀察太極圖說,而爲此說者也。在此點蓋受劉念台之「人極圖說」及「動靜說」有幾分之影響,而以主靜二字,立人極之本;以中正仁義,爲主靜之實落處;凡此總稱爲聖人之盡性工夫。

> 中正仁義而主靜者,周子立言甚周匝也。然主靜下又自註曰無欲故靜;無欲,無人欲也;無人欲,則純乎天理矣。是周子以天理爲靜,以人欲爲動;主靜者,主乎天理也;主乎天理,則靜固靜,動亦靜矣;豈有偏靜之弊哉!(同上)

此中正仁義,即是聖人之道;中正仁義之外,別無所謂主靜。離中正仁義而言主靜,則非主靜。與五行之外,別無陰陽;五行即陰陽,陰陽即太極之理相同。

彼於理氣說中，又認理氣二者，爲不可分。此說先儒皆未論及；祇有朱子說過「必先有是理而後有是氣；既有是氣，則是理也。」又論萬物之一原，則謂「理同而氣異」；論萬物之異體，則謂「氣猶相似理絕不同」；此四語實具卓識。凡論理氣之學者，皆當引爲標的。故云：「學者宜取此四言參伍錯綜，尋求玩味，胸中貫串通徹，務使無一毫疑惑而後可。如是則於天地萬物性命之理，當自能瞭然而無間。」又對於羅整菴「周子無極之眞，二五之精，妙合而凝」三語，以爲凡物必兩而後可合，太極陰陽，果爲二物，則方其未合之先，各安在耶？」之疑問，論述之如次：

> 整菴言理氣，亦固陋也；夫氣卽是理；以爲氣中則有理而非氣，是卽理也；既非氣則是理，則安得不爲二物？（思辨錄卷二）

又曰：

> 整菴以爲氣集便是集之理之謂；氣散便是散之理之謂；惟其有集有散，是乃所謂理也。是則就集散上觀理，而不知所以爲集散之理也。宜其於程朱之言，多有所未合。（後集卷二）

彼認整菴之理氣；墮於形器之中，而未能體得渾然融合（理氣之一元）體現天地之妙用之理。蓋周子哲學決非二元論，整菴不達此旨，宜乎懷疑不決也。

其次是彼之性說，以爲性卽是氣質本然之性，不可稱爲性。後來儒者，率以孟子之性善說爲本，以爲本然之性，渾然至善，純粹未發，此言決不得當。所謂性者，不是此種本然之性；孟子之性善，亦不是此種意思；孟子是就天命上說，是說命善，不是說性善。天命之初，吾人尙未落於氣質，故此說可以成立。厥後朱子欲發見至善之根據，亦言性善；但朱子於「繼之者善也，成之者性也」之分別，初不甚了了。又伊川朱子論性時，皆曾分性爲本然氣質二者，而以爲前者卽孟子之性善。後儒亦附和此說。然孟子之言性善，乃中庸「天命之謂性」之類。祇就天命上說，未落於氣質。然孟子又有「人無有不善」之言，是就人生以後看，卽下愚濁惡，無有不性善者。蓋孟子論善，只就四端發見處言，因其稱端，卽知有仁義禮智；人人有四端，卽人人有性善也。此是說人人有爲善之資質，有爲善之可能性耳；決不必說到人性渾然至善，未嘗有惡，然後謂之性善，以釋氏所謂眞性者當之。要之性字，必落於後天之氣質，而始有性可稱。如周子之說爲最妥。其言云：

惟人也得其秀而最靈，形既生矣，神發知矣；曰形生質也；神發氣也；形生神發，而五性具足。是有氣質而後有性也。不落氣質，不可謂之性；一言性便有氣質。（思辨錄輯要後集卷四）

此論頗有根據，就易一陰一陽章而區別之，則自來所傳孟子之性善說乃就天命之初「繼之者善」之處立論，未嘗說到「成之者性」。而陸氏則謂在「成之者性」以前，不得著性字；既說成之者性，便屬氣質矣。

彼又讚周子曰：

諸儒中論性，莫如周子最明白，最純備，通書首章曰：誠者，聖人之本，大哉乾元，萬物資始，誠之源也。乾道變化，各正性命，誠斯立焉；純粹至善者也。故曰：一陰一陽之謂道，繼之者善也，成之者性也；元亨誠之通，利貞誠之復，大哉易也，性命之源乎！只就元亨利貞上看出繼善成性處，不過一誠字，則實理也，能全此實理者惟聖人；故曰誠者聖人之本。（同上）

陸氏以爲惟氣質方可稱爲性；若善惡之分歧點，則在於誠德之成就如何而見之。故又說惟周子「性者剛柔善惡中而已矣」一句中之「而已矣」三字，最爲竭盡無餘之辭。從來論性之人，無有比此語更簡而得要者。而後來儒者罕稱之，蓋皆以此言爲專論氣質，而不知氣質之外，初無所謂性也。程張朱諸子之論性，千言萬語，其實不能及此。陸氏如此斷定用氣質一元論，充足周子之說；又用作自己之性說。彼固理氣一元論者，於性說以一元始終之，可謂徹底之學說。

第三節　陸隴其

一　略傳及著書

陸隴其，字稼書，浙江平湖人，生於明崇禎三年。（紀元一六三〇）唐名相陸贄之後也。康熙九年，進士及第，年四十一，授江蘇嘉定縣令，尊以德化人，——治行稱天下第一。後爲直隸靈壽縣令，與諸生講論，著松陽講義十二卷，爲說百八十章，隨時舉示，非逐節講解。時黃宗羲之學盛行於西方；隴其不以爲然，再三致意此編，以啟導後學。在任八年，民風士習皆大改善。後徵入京，補四川道監察御史；在職一年，知無不言；以爭納捐事，觸政府忌，引疾歸。未幾，致仕，屏居於華亭之泖口，大振風致，益以明道覺世爲己任。偶犯病，遂不起，年六十三。（康熙三十一年）（紀元一六九二）聖祖深悼惜之，曰：「本朝如此之人，更不多得。」陸氏資性篤厚，有古人風，言淸行超，人格高尙，故到處能改進風致。乾隆二年，賜謚淸獻。時人稱爲「當湖先生」「三魚堂」，卽其書齋名。著有三魚堂集十二卷，外集六卷，賸言十二卷，以上收於全集中。此外松陽講義十二卷，四書講義困勉錄正續三十七卷，問學錄四卷，讀朱隨筆四卷，讀禮志疑六卷，均爲重要之作。

二　學說

淸初之諸名家，卒皆指摘「王學」末流之弊，以圖刷新。然於程朱陸王，則又取兼攝主義。至稼書方粹然宗朱子，棄餘家，以明聖學根原，振興敎化爲事。其學術辨三篇；是爲破陽明，明程朱之道而作。謂世之儒者無操守，信源流不淸之「王學」，以爲與聖教大同小異此種現象若放任之將眞僞雜糅聖敎且不能維持抑學問中本有「立敎之弊」及「末學之弊」二種源清流濁末學之弊也源濁流又濁者立敎之弊也學程朱而滯於偏執是末學之弊若夫陽明之敎則其源已濁徒咎末輩復有何益？於是一轉而闢王學之內容蓋陽明以禪之實而託於儒其流害固不可勝言矣吾人止一究其與禪相表裏之處則其心性之辨一切自明夫人之生也氣集成形氣之精英集而成心所以心是神明不測變化無方而具於是此氣之中之理卽性也故程子曰「性者卽理也」邵子曰「心者性之郛郭也」朱子曰「靈處是心不是性」是皆說心也者性之所寓而非卽性也性也者寓於心而非卽心也但禪家則不然以知覺爲性而以知覺之發動者爲心故彼所謂性卽吾儒之心彼所謂心卽吾儒之意志其所以滅彝倫離仁義詭怪張皇自放於準繩之外者皆由不知有性而以知覺當之耳旣以知覺爲性欲保養之勿失則一切人倫庶物之理皆足爲「我」障累故欲取此一切盡舉而棄之而陽明毫不加察採其學說謂性無善無惡蓋亦指知覺爲性而言而言良知言天理言至善莫非指此而言陽明之言曰「釋氏本來面目卽吾人

所謂良知;」又云:「良知又卽是天理;」又云:「無善無惡,乃所謂至善;」其爲說縱橫變幻,不可究詰,而其大旨亦可睹矣。充其說則人倫庶物,於我何有,特以束縛於聖人之敎,未敢肆然決裂也。彼又爲之說云:「良知苟存,自能酬酢萬變,非若禪家之遺棄事物也。其爲說則然。然學者苟無格物窮理之功,而欲持此心之知覺以自試於萬變,其所見爲是者果是,而所見爲非者果非乎?又況其心本以爲人倫庶物,初無與於我,不得已而應之;以不得已而應之之心,而處夫未嘗窮究之事,其不至於顚倒錯謬者幾希,其倡之者,雖不敢自居於禪,陰合而陽離;其繼起者則直以禪自任,不復有所忌憚;此陽明之學所以爲禍於天下也。」(全集卷二「學術辨中」)

陸氏旣推倒陽明,於是盡力研究程朱學而擁護之,且宣傳程朱。以爲此二人是維持風敎之偉人。確爲聖門正學。朱子之窮理主敬,卽孔子之多學而下問,故學問之要,必窮理與主敬二面兼施;窮理而能居敬,方不流於玩物喪志,居敬而能窮理,方不墮於猖狂恣睢。是則程朱之問學工夫,要爲最妥當者也。

陸氏於學理方面,更有太極理氣二論,雖本於周朱二子之太極圖說;但其精密處，更有可觀。

夫太極者，萬物之總名也。在天則爲命，在人則爲性；在天則爲元亨利貞，在人則爲仁義禮智；以其有條而不紊，則謂之理；以其爲人所共由，則謂之道；以其不偏不倚，無過不及，則謂之中；以其眞實無妄，則謂之誠；以其純粹而精，則謂之至善；以其至極而無以加，則謂之太極；名異而實同也。學者誠有志乎太極，惟於日用之間，時時存養，時時省察，不使一念之越乎理，不使一事之悖乎理，不使一言一動之踰乎理，斯太極存焉矣，（全集卷一）

「太極說」自周子，至於朱子，已臻精密；陸氏更取此理由具體的說明之，其中雖乏創見，然在太極思想之發展上，可供參考。至其理氣說，則謂「明萬殊之理氣不難，而明一本之理氣則難；一本之在人心易見，一本之在天地難知。」又以朱子之「理不離氣，氣不離理，」爲「其分合不可疑也；」且謂「須先說有此理，則其先後無可疑；惟有此理，則理必有所會歸，有此氣，則氣必有所統攝，天下未有無本而能變化無方者，未有無本而能流行不竭者；而理氣之本，果安在耶？今夫盈於吾身之內者，皆氣也；而運於其氣之內者理也。」（全集卷一理氣論）其意謂理氣之根源是一本，而其本則在於心；「心者，氣之精英所集，而萬理之原也。」故謂造物之理氣，爲散漫無所主宰，卽是妄言；主宰之所在，卽一本之所在。若夫爲主宰者，則無思慮，無營爲，能使百物自生，四時自序。理與氣要爲不可分，一而二，二而一，不離又不雜。朱子所謂「無無氣之理，無無理之氣」之言，最爲的當。此卽陸氏所主張。

陸氏爲人爲學，皆眞實而穩健。其所言皆得程朱之粹；且充足朱說，以闢異歸正，爲自己之天職，終身不渝。守護一貫之程朱學，施用於實地，且收極大之效果。

第二章　陸王學派

第一節　黃宗羲

一　略傳及著書

長於顧炎武者二年，且後死於顧炎武者十四年，樹立淸初一大學統之人，卽是黃宗羲。其學派不如顧炎武之擴大，然其所著明儒學案，當爲「中國學術史」最初之作，其史學造詣之深，當與王船山相伯仲。其易學象數論六卷，與胡渭之易圖明辨，互有發明，辨河洛方位圖之非，頗多創說。而其律呂新義二卷，特開樂律研究之端緒。天算學爲梅文鼎天算學之先導。其明敏之頭腦，不遜於顧子。

宗羲字太冲，梨州及南雷皆其號，越之餘姚人，生於明神宗萬歷三十七年。（紀元一六〇九）父忠端公尊素，乃明室忠臣，爲宦者魏忠賢所害，死於獄。梨州懷鐵椎，欲報父仇，值逆閹已死，因手刺殺其父之獄卒，上書請誅逆臣，其氣概凛烈如此。父遺命就學於劉蕺山，因奮起以掃越中之野狐學爲能事，又體父「學者不可不通曉史事」之遺訓，從有明十三朝實錄起，上至二十一史，無所不研，更欲攻究九流百家之蘊奧，發家中藏書遍讀之；不足則出外遊歷以補其缺，其博學勉勵又如此。二弟宗炎、宗會，亦有才學，彼敎之使同成名。國亡時糾合志士禦清兵，出入危難，九死一生。後奉母歸里門，專心著述，敎授子弟。康熙十七年，詔徵爲博學鴻儒，以年老固辭不出。聖祖乃命巡撫抄其所著關於史事者，送至京師，而召其養子百家高弟萬斯同使參訂之。八十三歲，尚讀書不廢，常至午夜。康熙三十四年，以八十六歲之高齡歿。所著如上記諸書外，尙有明儒學案六十卷，全氏補足宋元學案百卷，南雷集二十卷，文定文約合四十卷，明文海四百八十二卷，明史案二百四十四卷，及其他數十種。

二　學說

宗羲是劉念臺之高弟，念臺以愼獨二字爲學的，梨洲亦修愼獨之陽明學者。但其該博之知識，固不以「陽明學」自封。所著明儒學案一書，雖有人謂彼爲護「陽明學」而作；但其史筆，決不偏於一方，長其所長，短其所短，客觀態度，溢於全書。惟不慊於晚明「陽明學者」之流於口頭禪，尤於越中周海門以後，學弊之深，多所不滿，欲一洗此風，而復於陽明當年。故曰：「明人講學語錄之糟粕耳；不以六經爲根柢，束書不讀，而從事於遊談。學者當先窮經，然拘執經術，不足以經世，欲免爲迂儒，必兼讀史。」又曰：「讀書不多，則無以證理之變化，讀書多而不求諸心，則又爲俗學。」「清史」「黃宗羲傳」觀其言，明明是不埋頭於心卽理說，而表示其兼取朱王之態度。故受其敎者，不蹈講學之流弊，亦不爲障霧之妄言。萬氏兄弟大史家，全氏祖望，質實之學者，皆出其門。其剛毅之風，足以破當時雷同附和於「心萬殊說」之小儒。故曰：

> 盈大地皆心也；變化不測，不能不萬殊；心無本體，工夫所至，卽其本體。故窮理者，窮此心之萬殊，非窮萬物之萬殊也。是以古之君子，寧鑿五丁之間道，而不假邯鄲之野馬，故其途亦不得不殊。奈何今之君子，必欲出於一途，使美厥靈根者，化爲焦芽絕港。夫先儒之語錄，人人不同，只是印我之心體，變動不居；若執定成局，終是受用不得。此無他，修德而後可講學；今講學而不修德，又何怪其舉一而廢百乎！（明儒學案序）

此痛切之言，學者當正襟領受者。蓋舉萬物之萬殊，歸於一心，以心理之闡明及修德之工夫為先，而以講學為後。此言雖為陸王之言，然以心為萬殊，而欲實現自己之心之處乃屬於倫理上之自我實現說，不外發揮自己之人格及自己之個性也。

三　政治哲學

清初學者，人人不慊於明學之空疏，而以提倡經世致用為主旨。宗羲尤因精研史學，熟於古今治亂興亡之事跡，議論尤有根柢。不落於抽象之說，而獨標具體的實際的論旨，使人讀之，感一種痛快之趣味。所著明夷待訪錄，正如今世所謂「政治哲學」，以民利民福為主眼，以民本主義為政治之本質。其意君主本為人民而設，卽上世之酋長，此酋長而有蔑視民意，自圖私利之行為，則非君主而為獨夫；如此其君王之資格自當剝失。湯之放桀，武王之伐紂，其目的在為民，自是事理上當然之行動。蓋以億兆人之心為心，方可稱為聖人，稱為君主。是故伊古以來，因為君主之責任重大，而不欲自勞其身心者，有許由務光。雖為君主，而讓位於人者，有堯舜；初不欲為，而卒不得已而爲之者，有大禹；可見三代以上之帝皇，皆不得已而爲之。三代以後，則以天下爲一姓之私產，視萬民爲一己之臣妾，視土地爲己之產業，立法之精神，全變爲私法，絕無公法之內容。蓋三代之時法尚存在，三代以後則法意全非矣。黃氏蓋以孟子之王道，爲政治本體；從社會學上之見地應用史實，而與孟子王道以學理上之根據，樹立其民本政治之哲學。彼以此理論爲基礎，而涉及一切之政治問題，如云以人民爲主，則政治難行，當選舉一人，依賴以行。此其見解，雖與現代民本主義，尚有消極積極之差。然於大體是以人民本位爲主眼，與民主政治相似。近代初革命時，爲鼓吹民本共和之精神起見，一般志士，曾密印此書數十萬部，頒布全國，且大收其效果。（梁啟超清代學術概論）明夷待訪錄原君篇曰：

有生之初，人各自私也，人各自利也，天下有公利而莫或興之，有公害而莫或除之。有人者出，不以一己之利爲利，而使天下受其利；不以一己之害爲害，而使天下釋其害，此其人之勤勞，必千萬於天下之人。夫以千萬倍之勤勞，而已又不享其利，必非天下之人情所欲居也。故古之人君，量而不欲入者，許由務光是也；入而又去之者，堯舜是也；初不欲入而不得去者，禹是也；豈古之人有所異哉！好逸惡勞，亦猶夫人之情也。後之爲人君者不然，以爲天下利害之權皆出於我，我以天下之利，盡歸於己，以天下之害，盡歸於人，亦無不可。使天下之人，不敢自私，不敢自利，以我之大私，爲天下之大公，始而慚焉，久則安焉，視天下爲莫大之產業，傳之子孫，享受無窮。漢高帝所謂某業所就，孰與仲多者，其逐利之情，不覺溢之於辭矣。此無他，古者以天下爲主，君爲客，凡君之所畢世而經營者，爲天下也。今也不然，以君爲主，天下爲客，凡天下之無地而得安寧者，爲君也。是以其未得之也，屠毒天下之肝腦，離散天下之子女，以博我一人之產業，曾不慘然！曰：我固爲子孫創業也。其既得之也，敲剝天下之骨髓，離散天下之子女，以奉我一人之淫樂，視爲當然，曰：此我產業之花息也。然則爲天下之大害者，君而已矣。向使無君，人各得自私也，人各得自利也。嗚呼！豈設君之道，固如是乎！古者天下之人，愛戴其君，比之如父，擬之如天，誠不爲過也。今也天下之人，怨惡其君，視之如寇讎，名之爲獨夫，固其所也。而小儒規規焉以君臣之義，無所逃於天地之間，至桀紂之暴，猶謂湯武不當誅之；而妄傳伯夷叔齊無稽之事。使兆人萬姓崩潰之血肉，曾不異夫腐鼠，豈天地之大，於兆人萬姓之中，獨私其一人一姓乎？是故武王聖人也，孟子之言，聖人之言也。後世之君，欲以如父如天之空名，禁人之窺伺者，皆不便於其言；至廢孟子而不立，非導源於小儒乎？雖然，使後之爲君者，果能保此產業，傳之無窮，亦無怪乎其私之也；既以產業視之，人之欲得產業，誰不如我，密緘縢，固扃鐍，一人之智力，不能勝天下欲得之者之衆，遠者數世，近者及身，其血肉之崩潰，在其子孫矣！昔人願世世無生帝王家，而毅宗之語公主亦曰：若何生我家？痛哉斯言！回思創業時，其欲得天下之心，有不廢然摧沮者乎？是故明乎爲君之職分，則唐虞之世，人人能讓，許由務光非絕塵也。不明乎爲君之職分，則市井之間，人人可欲，許由務光所以曠後世而不聞也。然君之職分難明，以俄頃淫樂，不易無窮之悲，雖愚者亦明之矣！

以上取三代聖王爲君之動機，與後世爲君之動機，對照比論，痛斥後世之爲私利。更進而斷言其制定法律無何等之權威如下三代以上有法，三代以下無法。何以言之？二帝三王，知天下之不可無養也，爲之授田以耕之；知天下之不可無衣也，爲之授地以桑麻之；知天下之不可無教也，爲之學校以興之；爲之婚姻之禮，以防其淫；爲之卒乘之賦，以防其亂；此三代以上之法也。固未嘗爲一己而立也。後之人主，既得天下，惟恐其祚命之不長也，子孫之不能保有也，思患於未然，以爲之法。然則其所謂法者，一家之法，而非天下之法也。……夫非法之法，前王不勝其利欲之私以創之，後王或不勝其利欲之私以壞之。壞之者固足以害天下；其創之者，亦未始非害天下者也。乃必欲周旋於此膠彼漆之中，以博憲章之餘名，此俗儒之剿說也。卽論者謂天下之治亂，不繫於法之存亡。夫古今之變至秦而一盡，至元而又一盡，經此二盡之後，古聖王之所惻隱愛人而經營者，蕩然無具。苟非爲之遠思深覽，一一通變，以復井田，封建，學校，卒乘之舊，雖小小更革，生民之戚戚，終無已時也。卽論者謂有治人無治法，吾以爲有治法而後有治人。（下略原法篇）

彼之政治理想，全在三代之民本精神，故以孟子之王道爲根據，專以民利爲主

限，而樹立其政策

四　結論

宗羲大才，於經學，史學，天算，樂律，無所不通。爲國仇親恨，屢罹危險，又是極富情感之人。國亡後，養母敎弟，亦孝友可風。且亡國之痛，終身不忘，以所著明夷待訪錄，傳其心事。此書晚淸時，忽與「公羊學派」諸子之思想，無端相合。引起「革命」「排滿」之大風潮，雖曰時運使然，宗羲一人正氣之感召，關係實重大也。

第三章　朱王折衷派

第一節　孫夏峯

一　略傳及著書

凡是兩學派互相對立，必有第三之折衷派出而調和之。清初宋明理學，既已衰頹，王學末流，尤爲學者所棄。顧炎武以篤實之程朱學，矯正王學；黃宗羲則提倡眞正之王學，排斥末流之狂禪。然顧黃二人，雖於理學有淵源，實不以理學名，而爲清代樸學開宗之鉅儒。若夫專以理學著稱者，程朱派有二陸，王學則無其人，折衷於朱王二派者，前有孫奇逢，李顒，後有曾國藩。諸人皆有氣節，人格爲一世儀表，天下士風，爲之敦厚，稱爲命世大儒，亦不爲過。著作雖缺少新說，然句句精純，俱是人格之表現。

孫奇逢，字啓泰，號夏峯，又號鐘元，直隸容城人。生於明神宗萬歷十二年（紀元一五八四），歿於清聖祖康熙十四年（紀元一六七五）年九十二歲。其一生活動，屬於明朝之時多；故黃宗羲收之於明儒學案中。但其敎化，則多傳於清初學子，故普通又多敍於清史中。

奇逢事父母至孝，有氣節。崇禎九年，流賊圍容城，自示方略，與士民協力卒將賊擊退。清聖祖聞其賢名，屢徵之不應，天下稱爲孫徵君。後移家於衛之共城，闢兼山堂，講易其間；率子孫躬耕，簞瓢屢空，晏然自若。晚年，講學於夏峯，學者宗之。嘗言曰：「七十歲的工夫較六十歲密；八十歲的工夫較七十歲密；九十歲的工夫較八十歲密」云；可見其涵養之深與體道之精也。著有理學宗傳二十六卷，四書近指二十卷，理學傳心纂要八卷，讀易大旨五卷，夏峯先生集六十卷。其中宗傳一書，是漢代以來哲學家之學案，爲彼最用心之著作，但材料之充實，究不如黃宗羲。

二　學說

奇逢之特長，在兼取諸家而不偏於一派之學。理學宗傳一書，卽是本此意旨而作。書中自漢朝董仲舒起，至明末止，所有學者之傳記，都蒐輯之。宋代舉周張邵二程朱陸七家，明代則舉敬軒、陽明、念菴、憲成四家爲正宗；如慈胡、龍溪出入老佛，則附之於後，以明儒家正統。然別無門戶偏見，故其門人湯潛菴說：「先生眞能見道之大原，無建安無靑田惟以庸德庸言直證天命原初之體，可謂千聖同堂與造化遊者也。」（徵君孫鐘元墓誌銘）至其學問之要，則在於體認天理。嘗曰：「聖賢爲天地而立心，爲生民而立命，其心及今尙爲存在。」且解其理曰：「人者，天地之心也；人失其爲人，天地何以淸寧。故爲天地立心，生民立命者，聖賢之事也。明王不作，聖人已遠，堯舜孔子之心至今在此；非人也，天也。」（語錄）意謂天地之心，雖卽人心，然爲人之師表，立心立命者，乃爲聖人之事，此與「我心卽聖賢之心」之說，似稍不同；而於程朱「聖人體仁以爲天下之儀表，故當以聖賢遺意爲標的，窮理以進」之意，則頗相似。奇逢之意，蓋介於朱陸二子之間，試其調和折衷者也。彼謂「渾沌之初，一氣而已，其主宰處爲理，其運旋處爲氣，指而爲二，不可也；渾而爲一，亦不可也。」又謂「成缺在事不在心，榮辱在心不在事。」俱是折衷之意，欲合「實在論」「唯心論」二者爲一。世惟折衷者少創造，其功蓋全在於傳道也。

第二節　李顒

一　略傳及著書

李顒，字中孚，號二曲，西安盩厔人。生明天啓六年（一六二七）卒清康熙四十四年（一七〇五）。其父可從，慷慨有志略，善談兵，且以勇力著於鄉。從汪喬年軍討賊；崇禎十五年與五千壯士共戰死於襄陽城下，以殉國難。其時顒年尚僅十五歲也。（李二曲全集二十五卷家乘）家貧不能入塾，有人勸其母送入縣署爲衙役，母不肯，教之習字，然具天稟異材，稍長學即大進。家無藏書，借於親友，自經史子集以及老佛之書，無不徧讀。既而棄去，從事靜坐觀心，大有所得。顧炎武謂堅苦力學，無師而成，吾不如李中孚，蓋的評也。康熙四年，遭母喪，喪終，往襄陽憑弔乃父戰死之地。既而南下，入道南書院，發顧憲成高攀龍諸子之遺書，爲東林學徒講學，聽者雲集。繼又於無錫、江陰、靖江、武進、宜興等地講學。康熙初，陝撫以山林隱逸上疏薦之，特詔徵召，力辭而免。至十七年徵「博學鴻儒」，諸人交薦，地方官强迫起行，顒絕粒六日，最後擬拔刀自刎，其議始止。彼覺虛名爲累，遂閉戶不復接人，惟有顧炎武來訪，曾一度款待外，雖子弟亦不見面。後聖祖西巡，使陝督傳旨，必欲召見之；以廢疾堅辭，幸而獲免。特賜「關中大儒」四字以尊重之。

當時南有黃宗羲，北有孫奇逢，西有李顒，世稱三大儒。顒爲學極博，無所不通，而著述則非其所志。嘗言曰：「著述一事，大抵古聖賢不得已而後作，非以立名也。故一言之出，炳若日星，萬世之下，飲食之而不盡。其次雖有編纂，亦非必誇詡於時人；或只以自怡；或藏諸名山，至其德成之後而後發；或既死之日，舉世思其餘風，想其爲人，或訪諸其子孫，或求諸其門人，欲以得其平生一言爲法訓。此時也，是惟不出，一出卽使洛陽紙貴。」（全集十六「與友人」）眞是有道者之言。著有全集二十六卷（四書反身錄八卷，亦收在內）及十三經糾謬二十一史糾謬等；其中反身錄，爲彼精力集中之作。

二 學說

李氏思想，亦如奇逢，取陸王程朱之長，不偏於一面。但傾向則趨於陸王。唐鑑國朝學案小識中，雖曾謂二曲「篤守程朱，」然清初一般學者，率以陸王爲根柢，而又讚美朱子之好學，似此兩派折衷，故任從何方面解釋，均可成立。且清代無論「考證派」「理學派」俱不樹黨派，爭出入，大都欲兼取他人之長，自己更立高處，想成一家。顒卽其代表，嘗因門人問「朱陸異同？」答曰：「陸之敎人，一洗支離錮蔽之陋，在儒敎中最爲儆切；使人言下爽暢醒豁，以自有所得。朱之敎人也，循循有序，恪守洙泗家法，中正平實，極便初學。要之二先生，均於世敎人心有大功，不可輕爲低昂也。中於先入之言，抑彼取此，亦未可謂爲善學也。」（全集卷四「靖江要語」）正是其不偏不倚，而又能自立之處。又曰：「孔子以博文約禮之訓，上接虞廷精一之傳；千歲之下淵源相承，確守不變。惟朱子爲得其宗。生平自勵勵人，一以居敬窮理爲主。窮理卽孔門之博文，居敬卽孔門之約禮，內外本末，一齊俱到，此正學也。故尊朱卽所以尊孔也。然今人亦知闢象山尊朱子，及考其所謂尊，則不過訓詁文義而已；至於朱子內外本末之兼詣，主敬禔躬實修之旨，則缺如。吾不知其如何也。況下學循序之功，象山雖疏於朱子，然其爲學也，先立其大者，峻義利之防，亦自不可得而掩之也。今日尊朱者，能如是乎？不能如是，而徒以區區語言文字之末，鬬陸尊朱，則多見其不知量也。」（全集十五「富平問答」一）此明說朱子之爲學工夫實，陸子之直覺力量偉，朱子稍疏於心，象山則長於此。是故窮理而不居敬，則爲俗學、居敬而不窮理，則爲空疎無用之學，不能經世宰物，是腐儒也。故必二面兼施，方能精義入神，隨博隨約，當下事理洞明，不至支離，學業德業，兩者並進也。所謂知行合一，必內外本末工夫一齊並到，始可以成。其兼取朱陸之長，於此可見。

顒之學說，植基於陸子，而兼取朱子之長，不偏於一派，由是產出自己之學說。但折衷者多乏創造，惟其主張反省事物之理，以直觀爲主；又說心當保其平靜，恰與李延平同；其學自然傾於內省的。故曰：「學問之要，學問之得力，全在定心、靜而安，寂然不動，感而遂通；廓然大公，物來順應，猶如鏡之照，不迎不隨，此之謂能慮，此之謂得其所止。」（反身錄一）故心之體，本虛本明，本定本靜，能虛明定靜，則情忘識泯，心亦不動，恰如鏡中之象。蓋靜中之靜易，動中之靜難，動時能靜，則靜時自能靜。其言定靜工夫，可謂詳密。

彼之學旣以心德之涵養爲主要，明明德止於至善爲工夫，是卽以致良知純天理爲中心也。故於宇宙問題，心理問題，自不多及。所以門人問易時，告之曰：

今且不必求易於易，而且求易於己；人當未與物接，一念不起，卽此便是無極而太極；及事至念起，惺惺處卽此便是太極之動而陽；一念知斂處卽此便是太極之靜而陰；無時無刻，而不以去欲存理爲務，卽此便是天行健，君子以自強不息；人欲淨盡，而天理流行，卽此便是乾之剛健中正純粹精。希顏之愚，效曾之魯，斂華就實，一味韜晦，卽此便是歸藏於坤，親師取友，麗澤求益，見善則遷，如風之疾，有過則改，若雷之勇；時止則止，時行則行，見可而進，知難而退；動靜不失其時，繼明以照四方，則兌、巽、震、艮、坎、離，一一在己，而不在易矣。（全集五「錫山語要」）

蓋以爲理卽吾人之心理狀態，學者收斂其心，則易（理）之變化，卽在人之心中，故心中不可無主宰，不可不收斂，如四書中之言看是易行，而反之於身，欲其體現，亦不易；何況易理，欲體用之，豈不更難耶？是故格物窮理之事，實有裨於修齊治平，而後可尊；苟徒博學，而反身不誠，畢竟是玩物喪志，距道愈遠。其受授記要有云：「重實行不尊見聞論人品不論材藝，夫君子多識前言往行，原爲畜德也。德既畜矣，推己及人，有補於世。若多聞多識而不見諸實行，以畜其德，人品不足而材藝過人，擅美炫長，於世無補，徒以誇閭里而驕流俗，焉足齒於士君子之林乎！」蓋觀此可知顯之學風，始終以實踐倫理爲重也。

第三節　曾國藩

一　略傳及著書

曾國藩，字滌生，湖南湘鄉人。生於清嘉慶十六年，（紀元一八一一）卒於同治十一年。（紀元一八七二）道光年間，會試中式進士，授翰林院檢討。累官至禮部侍郎，丁憂回籍。會太平軍起，自廣西入湖南，銳不可當。在籍督辦團練，立湘軍；初不過保衛地方，後因屢挫太平軍，遂出境禦敵。爾時太平軍已建都金陵，國藩崎嶇戎馬十餘年間，恢復沿江各省，卒破金陵，成清室中興之業。官至大學士，爵爲毅勇侯。國藩居翰林時，卽與羅羅山（澤南）等，講程朱之學，各以學行相砥礪，卒以書生成削平大難之業。當時湘軍名將多數是平時講學之朋友及門生。其爲人公忠樸誠，言行一致，治軍居官，未嘗一日離開學問，粹然有儒者氣象，當時風氣，爲之一變。其論學不主一派，於考證家之詆斥宋學，固不以爲然，而於漢學亦極推段王江戴諸公。所爲詩文亦不主一家，精深博大，卓絕一代。卒年六十二。諡文正。所著書，詩文奏議書札日記及經史百家雜鈔共百數十卷。門人輯而刻之，曰曾文正公全集。

二　學行

自漢學極盛，攻擊宋學，不留餘地，門戶之見至深。乾隆以來，宋學二字，幾爲學人所不道。但漢學大家，如戴震等，不特學術超越前古，卽人格亦足爲一世模範，故能壓倒宋學。至其末流，則考證之途，已達於止境，學者支離破碎，徒以辨析名物爲事，而薄視躬行實踐。於是浮薄之士，樂其無所拘束，率以漢學家自命，漸惹人心之厭惡，爾時老成賢達之士，遂欲和會漢宋，力矯輕浮之弊習，曾國藩卽爲折衷派之領袖；彼支持清末數十年之學風，孜孜爲學，終身不倦，雖未嘗有特創之學說，然其宗旨，本在調和漢宋，且極重實踐，乃兼容幷包之折衷派也。

其治學之宗旨，略見於其所著之聖哲畫像記；有云：「自朱子表章周子二程子張子，以爲上接孔孟之傳，後世君相師儒，篤守其說，莫之或易。乾隆中，閎儒輩起，訓詁博辨，度越前賢，別立徽志，號曰漢學；擯有宋五子之術，以爲不得獨尊；而篤信五子者，亦屏棄漢學，以爲破碎害道；斷斷焉而未有已。吾觀五子之言，其大者多合於洙泗，何可議也；其訓說諸經，小有不當，固當取近世經說以輔翼之；又何可屏棄羣言以自隘乎！」而其致劉孟容書；（孟容名蓉亦湘鄉人）覆夏弢甫書（弢甫名炘安徽當塗人，著有述朱質疑等書。）亦皆反覆陳明此旨。（俱見文集）可見其兼採漢宋之長，以成文質得中之學派，不以當時之門戶攻擊爲然，確爲包容衆流之大家也。且不獨對於漢宋之爭主調和，於程朱陸王之爭，亦主調和。是時唐鑑（字鏡海）著國朝學案小識，尊程朱而排陸王，國藩嘗從鑑問學，而於鑑之主張，則非之。嘗云：「朱子主道問學，何嘗不洞達本原？陸子主尊德性，何嘗不實徵踐履？姚江宗陸，當湖宗朱，（當湖指陸隴其）而當湖排擊姚江，不遺餘力；當湖學派極正，象山姚江亦江河不廢之流；

」(覆夏弢甫書)此蓋與小儒拘守門戶之見，截然不同者也。其博採衆長之處，且不限於儒學。其日記中有云：『以莊子之道自怡，以荀子之道自克，其庶為聞道之君子乎！」又曰：「以禹墨之勤儉，兼老莊之靜虛，庶於修己治人之術，兩得之矣；」又曰：「周末諸子，各有極至之詣，其所以不及孔子者，此有所偏至，卽彼有所獨缺，亦猶夷惠之不及孔氏耳。若遊心能如老莊之虛靜，治身能如墨翟之勤儉，齊民能如管商之嚴整，而又持之以不自是之心，偏者裁之，缺者補之，則諸子皆可師，不可棄也。」於此可見其博大；其身心實踐，亦悉與以上所言相合；且每日必靜坐數息百入，則又採用道家功夫者也。

國藩生平，極服膺桐城姚姬傳鼐，故聖哲畫像記，並尊顧、秦、姚、王、顧卽崑山顧亭林，秦則無錫秦蕙田，王則高郵王念孫父子也。然姬傳稱學問之途有三，曰：義理，考據，詞章；義理指宋學，考據指漢學。而國藩則云：「有義理之學，有詞章之學，有經濟之學，有考據之學。義理之學，卽宋史所謂道學也，在孔門為德行之科。詞章之學，在孔門為言語之科。經濟之學，在孔門為政事之科。考據之學，卽今世所謂漢學也，在孔門為文學之科。此四者闕一不可。（見日記）惟其局量廣大，故其門下，才智畢集，一藝一長，靡所不攬。學識則廣於程朱，事功則越乎陽明，偉成中興之業，決非偶然。以現在眼光批評，一若以漢人輔佐滿清，殺戮同胞，爲大不道，其實時勢使然，不足以損其學問人格也。

第四章　關洛閩學派

第一節　王夫之

一　略傳及著書

王夫之，字而農，號薑齋。生明神宗萬歷四十七年（紀元一六一九）。崇禎十五年，中式舉人。明亡，桂王監國駐桂林，大學士瞿式耜輔佐之。夫之往從，授行人官。後以母病辭歸。而桂王覆亡，式耜亦殉節於桂林。夫之遂隱遁不出，展轉於湘西、郴、永、漣、邵間，與苗猺雜處。晚乃居衡陽之石船山，杜門不出。學者稱船山先生。清康熙三十一年卒（紀元一六八二），年七十四。自題其墓曰：明遺臣王某之墓。

著書有周易內傳十二卷；周易外傳七卷；周易大象解一卷；周易稗疏二卷；周易考異一卷；書經稗疏四卷；尚書引義六卷；詩廣傳五卷；詩經稗疏五卷；詩經考異一卷；禮記章句四十九卷；春秋稗疏二卷；春秋家說七卷；春秋世論五卷；續春秋左氏傳博

議二卷；四書義訓三十八卷；四書稗疏二卷；四書考異一卷。此外尚有張子正蒙註、思問錄內外篇、俟解、噩夢、黃書等，均收船山遺書中。

二 學說

夫之之學，由關而洛而閩，力詆殊途，歸宿正軌。其張子正蒙註序云：「張子之學，上承孔孟，如皎日麗天，無幽不燭。惜其門人未有殆庶者，其道之行，曾不逮邵康節之數學，是以不百年而異說興。」於此可見夫之實崇拜張子之關學而有意繼承之者。其作大學補傳衍曰：「經云事有終始，知所先後，則近道矣。遞推其先，則曰在格物；物格而後知至，知至而後意誠，以及於天下平，皆因焉。是事之始，爲先所當知者明矣。故以格物爲始教，而爲至善之全體，非朱子之言也，經之意也。……君子之所謂知者，吾心喜怒哀樂之節，萬物是非得失之幾，誠明於心而不昧之謂耳，非君子之有異教也。人之所以爲人，不能離乎君民親友以爲道，則亦不能舍夫人官物曲以盡其道，其固然也。今使絕物而始靜焉，舍天下之惡而不取天下之善，墮其志，息其意，外其身，於是而洞洞焉，晃晃焉，若有一澄澈之境，置吾心而偸以安。又使解析萬物，求物之始而不可得；窮測意念，求吾心之所據而不可得；於是棄其本有，疑其本無，則有如去重而輕，去拘而曠，將與無形之虛同體，而可以自矜其大。斯二者乍若有所覩，而可謂之覺；則莊周瞿曇氏之所謂知，盡此矣。然而求之於身，身無當也；求之於天下，天下無當也。」此其抉剔釋老之弊，亦與張子正蒙中所說「蔽其用於一身之小，游其志於虛空之大者」相同。故唐鑑之國朝學案小識，稱夫之爲由關而洛而閩也。

又云：「彼自爲說，而爲君子之徒者，未有以爲可與於聖人之教也。有儒之駁者起焉，有志於聖人之道，而憚至善之難止也。……於是取大學之教，疾趨以附二氏之塗，以其恍惚空明之見，名之曰，此明德也，此知也，此致良知而明明德也；體用一，知行合，善惡泯，介然有覺，頹然任之，而德明於天下矣。乃羅織朱子之過，而以窮理格物爲其大罪。天下之畏難苟安，以希冀不勞無所忌憚而坐致聖賢者，翕然起而從之。」此則明明斥王學之依附釋老，而推尊朱子。故又云：「夫子博文約禮之教，千古合符，精者以盡天德之深微，而淺者亦不亟叛於聖道。聖人復起，不易朱子之言矣。」夫之之學，歸宿於閩，於此益見。

其衍中庸曰：「中庸大學，自程子擇之禮記之中，以爲聖賢傳心入德之要典。迄於今學宮之敎，取士之科，與言道者之所宗，雖有曲學邪說，莫能違也；則其爲萬世不易之常道久矣。乃中庸之義，自朱子之時，已病乎程門諸子，背其師說，而淫於佛老，…………朱子章句之作，一出於心得，而深切著明，俾異端之徒，無可假借，爲至嚴矣。…………數傳之後，朱門之餘裔，或以鉤考文句，分支配擬，爲窮經之能事。……其偏者則以臆測度，趨入荒杳，墮二氏之邪廓，而不自知。……明興，河東江右諸大儒，既汲汲於躬行，而立言之未暇。降及正嘉之際，姚江王氏始出焉，則以其所得於佛老者，殆攀是篇，以爲證據。其爲妄也，既莫之窮詰，而其失之皎然易見者，則但取經中片句隻字，與彼相似者，以爲文過之媒。至於全書之義，詳略相因，巨細畢舉，一以貫而爲天德王道之全者，則茫然置之而不恤。迨其徒二王錢羅之流，恬不知恥，而竊佛老之土苴，以相附會，則害愈烈，而人心之壞，世道之否，莫不由之矣。夫之不敏，深悼其所爲，而不屑一與之辯也。故僭承朱子之正宗，而爲之衍，以附諸章句之下。庶讀者知聖經之作，朱子之述，皆聖功深造體驗之實，俾學者反求自得，而不屑從事於文詞之末，則亦不待深辯而駁儒淫邪之說亦尙息乎！」此其擯斥陽明及王門諸子，尤爲深切著明者也。

夫之自己之學說，多見於思問錄內外篇俟解二書。其言性，則曰：「隸性以至於命，至於命而後知性之善也。天下之疑，皆允乎人心者也；天下之變，皆順乎物則者也；何善如之哉！測性於一區，擬性於一時，所言者皆非性也，惡知善。」蓋謂性是普徧的，不可於一方面測之，不可於一時間擬之，必推極至於命，而後可知性之全體也。其言心，則曰：「天下何思何慮，言天下不可得而逆億也；故曰：無思，本也；物本然也。義者，心之制，思則得之；故曰思，通用也，通吾心之用也。死生者，亦外也；無所庸其思慮者也。順事沒寧，內也；思則得之者也。不於外而用其逆億，則患其思之不至耳；豈禁思哉！」又云：「欲修其身者，先正其心，聖學提綱之要也。勿求於心，告子迷惑之本也。不求之心，但求之意，後世學者之通病；蓋釋氏之說，暗中之。嗚呼！舍心不講，以誠意而爲玉鑰匙，危矣哉！」（以上皆思問錄內篇）王氏蓋本乎孟子「心之官則思」之說，謂心之

第五章　考證學派

第一節　考證學之淵源

考證學之淵源，出於顧炎武，茲舉其研學之特色：第一，其研究方法，卽爲歸納的，科學的；第二，以不吸古人之糟粕，而以獨創的主張爲生命；第三，力求研究之所得，可以施於實用，所謂致用之精神；此三者是其主要之特色也。第一歸納的，是就事蹟，文物，文句，文字等，俱一一博引旁證，總合研究其異同，以期入手卽無謬誤，而後歸納之以爲定說，用意十分周到。第二獨創的，則以竊取古人已闡明之遺說爲恥，務自己獨創之見解，以立新說。日知錄自序曰：「常謂今人纂輯之書，正如今人之鑄錢；古人采銅於山，今人則買舊錢，名之曰廢銅，以充鑄而已；所鑄之錢，既已粗惡，而又將古人傳世之寶，春剉碎散，不存於後，豈非兩失之乎！……承問日知錄又成幾卷，蓋期之以廢銅，而某自別來一載，早夜誦讀，反復窮究，僅得十餘條，然庶幾采山之銅也。」由此可知其獨創的精神。全祖望亦曰：「凡先生之遊，必載書自隨，至阨塞之所，卽呼老兵退卒，詢其曲折，或與平日所聞不相合時，卽發書而對勘之。」（鮚埼亭集「亭林先生神道碑」）似此周遊天下，前後且三十年，一一如此，其實證之精神，可以想見。所以四庫全書提要曰：「炎武學有本原，博贍而能貫通，每一事必詳其始末，參以證佐，而後筆之於書，故引據浩繁，而少牴牾，非如楊愼焦竑諸人之偶然涉獵，得一義異同，知其一不知其二也。」其造詣之深，及論斷之精賅的確，又可想見。第三致用，則以爲學者一切硏究，不可單止於斷理，尤當使之適於實用之謂。由來孔孟爲學之精神，都是實用主義，不是純理思辨之學；至宋明全然埋沒孔孟之本旨，學者遠於世用，惟尙空談，是爲大病；故不可不復於孔孟當年，亦以經世致用爲宗旨。其所著天下郡國利病書，卽其致用方面之代表。

以炎武此種歸納的獨創的致用的精神爲中心，而纘起者，卽爲「考證學派。」此派自閻若璩胡渭而後，至乾隆時，惠棟戴震而大成，特尊之爲漢學，以排斥宋學。惠棟是吳人，承其祖周惕父士奇三世相傳之經學，世稱吳中三惠，其學號稱爲吳派，戴震是皖人，其學號爲皖派。此外尙有段若膺王懷祖及其子引之等人才輩出，號稱極盛。至此時考證學於「爲學問而學問」之精神，發揮極多；致用之精神則缺焉。

第二節　考證學之內容

考證學研究經子之方法，大別之可分爲「訓詁」「校勘」二種：前者是書中字義之整理貫通，後者是書本之整理。訓詁之學是惠棟一派「漢學」者之所長，取古義古訓之同一事類同一用法，多方蒐集而比較歸納之；其法雖與古來之訓詁學不甚相遠，然研究之深廣及客觀的態度，是其特色。茲舉例如下，即此派之中堅戴段二王所用之方法，應用於「小學」屬於文字音韻文法三方面者；或則參照古訓之義理，而比較歸納，以作定說者。

（一）「文字」上之研究。　是根據古義，將古字典，古箋注及古書之同類事項，比較綜合之謂。

〔例〕老子三十九章，「爲天下正。」（讀書雜志餘篇上）

侯王得一以爲天下貞，河上公本貞作正，註云：爲天下平正。念孫（懷祖字）案；爾雅曰：正，長也；廣雅曰：正，君也；呂氏春秋君守篇；可以爲天下正，高註曰：正，主也；爲天下正，猶洪範言爲天下王耳。下文天無以淸地無以寧，卽承上文天得一以淸，地得一以寧言之。又曰：侯王無以貞而貴高將恐蹶，貴高二字正承爲天下正言之，是正爲君長之義，非平正之義也，王弼本正作貞，借字耳。

以上取古字典二條，古書同類二條，注一條，考證「正」字之字義。

（二）以「音韻」爲根據，對於文字之研究。　其法用假借，聲類，通轉，等用例爲證。意謂古字通用，由於音韻之不大相違，所以要明古字之意義，不可不明古來音韻變遷之理。其說顧炎武江永錢大昕孔廣森等力倡之，以後音韻學遂大興。

（例）莊子「培風」

逍遙遊篇，風之積也不厚，則其負大翼也無力，故九萬里，則風斯在下矣，而後乃今培風。釋文曰：培，重也；本或作陪。念孫案培之言馮也，馮，乘也。（見周官馮相氏註）風在鵬下，故言負；鵬在風上，故言馮；必九萬里而後在風之上，在風之上而後馮風，故曰而後乃今培風。若訓培爲重，則與上文了不相涉矣。馮與培聲相近，故義亦相通；漢書周緤傳，更封緤爲鄘城侯，顏師古曰，鄘，呂忱音陪，而楚漢春秋作馮城侯；陪馮聲相近，是其證也。馮字古音在蒸部，陪字古音在之部，之部音與蒸部音相近，故陪馮聲亦相近。說文曰：陪，滿也；王註離騷曰：馮，滿也；陪馮聲相近，故皆訓爲滿。

此引古字典古書註各數條，辨證「馮」「陪」古音相近，字義相同如此。

（三）「文法」上之研究。取助字介字連字狀字等都解作名字代字等實字，以匡正其義之方法之謂。此方面之大成者，是王懷祖父子，所著經傳釋辭，尤其代表之作。

〔例〕老子三十一章，「夫佳兵者不祥之器。」釋文，佳，善也；河上公云：飾也。念孫案，善飾二訓，皆於義未安。古所謂兵者，皆指五兵而言；故曰，兵者不祥之器；若自用兵者言之，則但可謂之不祥，而不可謂之不祥之器矣。今案，佳，當作隹，字之誤也；隹，古唯字也；唯兵爲不祥之器，故有道者不處。上言夫唯，下言故，文義正相承也。八章云：夫唯不爭，故無尤；十五章云：夫唯不可識，故強爲之容；又云：夫唯不盈，故能敝不新成；二十二章云：夫唯不爭，故天下莫能與之爭；皆其證也。古鐘鼎文，唯字作隹，石鼓文亦然；又夏竦古文四聲韻載道德經唯字作𨾊，據此，則今本作唯者，皆後人所改，此隹字若不誤爲佳，則後人亦必改爲唯矣。（讀書雜誌餘篇上老子）

以上三例；不過示「考證學」之片鱗，然由此片鱗，讀者當可悟到考證所研究，是科學的，客觀的，且用意亦極周到。訓詁方法，不獨如上所述，或引史上事例，或引證金石彝器鐘鼎之款識。又如惠棟一派之漢學家，考證漢代之古義古訓，其方法依人而異，不僅上述之方法而止。上所述三例，是因其在小學及其他方面，使用最多，故特標出之。

至於「校勘」古書，則與「訓詁學」正有密切關係，專以勘校本文之正確爲事。集古刻之善本多種，釐正其異同，及誤字誤句等，其方法則由本書上之通用義例，及類書中之引用文，及本文上下之文義文法等，詳加考察，而匡正其謬誤。此事業亦收盛大之效果。

第三節　戴震

一　略傳及著書

考證學雖分吳皖兩派，而皖派戴震，初亦從惠棟遊，厥後自成一家。但考證學家多致力於訓詁文字方面，於思想實無可述，故於哲學上關係極少。惟戴震則稍有涉及思想方面者本章略述之。

戴震，字東原安徽休寧人。生於淸雍正元年（紀元一七二三），歿於乾隆四十五年（紀元一七八〇）。彼爲考證學大家，因受時代之影響，畢生致力於此。然其博大徹底之精神。亦有出於考證學之外，而致其思索者。彼嫌宋人以一己之胸臆解經義，於是以「唯求實事不主一家」之科學的精神，解讀古書。故於宋儒混雜老釋之思想，以依附孔孟，及舍欲言理，排情固性之見解，概斥爲非。而著原善三篇，孟子字義疏證三卷，以期揭出孔孟之眞正面目。（此書收在戴氏遺書四帙中）

代表震之思想，卽以上二書。著此書之動機，乃爲破宋儒空疏之謬見，而高倡儒學根本精神，爲實用經世之術者也。

二　人生哲學

震先就宋學之根本「理」爲之說曰：「程朱以理言性，其見性也，以爲人心中如有一物，此物卽爲理，而此理又卽爲得之於天，具之於心者。吾人求理時，不外體貼天意；而體貼天意以明理，又不可不去人欲。」（戴氏遺書九附錄答彭進士書）但理字之說，六經及論孟中多不散見，要爲宋儒獨得之思想，與孔孟之本旨，初無關係。例如宋儒立理欲之辯，以爲不出於理，則必出於欲；不出於欲，則必出於理；而除去一切情欲，卽爲本然之性，卽爲理。但古之聖賢，未嘗有涸渴民情之語，但說當使人各遂其情，而得中庸，以期社會之進步。宋儒去欲之說，要爲混雜老佛虛無之證據，孔孟決不將情理區而爲二也。是則「理也者，情之不爽失也；未有情不得而理得者也。」（疏證上卷）情者，自是性之一分理，以性之靜者當天理，則人欲者性之動者也。從而絕此性之動，卽是絕人之理，豈聖人之道哉！畢竟性之中含有知，情，欲三者，性之名字，方得存在。古人言性；但以氣稟爲言，亦未嘗明言惟理義爲性。理義之說，雖由於孟子，是因當時異說紛起，就方便上，取此理義以爲聖人治道之具。故孟子說：「養心莫善於寡欲，」明乎欲之不可無也，寡之而已。人之生也，莫病乎無以遂其生，欲遂其生，亦遂人之生，仁也。欲遂其生，至於戕人之生而不顧者，不仁也。不仁實始於欲遂其生之心；使無此欲，必無不仁矣。然使其無此欲，則於天下之人，生道窮蹙，亦將漠然視之。己不必遂其生，而能遂人之生，無是情也。然則謂不出於正，則出於邪；不出於邪，則出於正，可也；謂「不出於理，則出於欲，不出於欲，則出於理不可也。何以故？欲其物理其則也。若謂不出於邪而出於正，猶往往有意見之偏，未能得理；況更謂不出於理而出於欲乎。」（疏證上卷）事實上自宋以來，言理欲之人，徒以爲正邪之辨；其不出於邪而出於正，要爲以理應事之言。但理與事不可分爲二；分而爲二，則必害事無疑。夫事至而應者心也；心有所蔽，則於事情未之能得，又安能得理乎？

蓋人類生存以上，若禁止其情欲，要爲至難之事。飢寒愁怨飲食男女之常情，以及一切隱情曲緒，皆稱之爲「人欲」然此種人欲，如盡除去，則非根本上否定人生，當不可能。抑天道者，要不外陰陽五行；人之生也，分此陰陽五行而爲性，是以有血氣，有心知，從而又有情欲。此心知與情欲，有密切相關。故知、情、欲、(意)三者，要爲心之三大作用；去其一，則人生不得完全。故云：

記曰：「飲食男女，人之大欲存焉；」聖人治天下，體民之情，遂民之欲，而王道備。人知老莊釋氏，異於聖人，聞其無欲之說，猶未之信也。於宋儒則信以爲同於聖人，理欲之分，人人能言之。故今之治人者，視古聖賢體民之情，遂民之欲，多出於鄙細隱曲，不措諸意，不足爲怪。而及其責以理也，不難舉曠世之高節，著於義而罪之；尊者以理責卑，長者以理責幼，貴者以理責賤，雖失，謂之順；卑者幼者賤者，以理爭之，雖得，謂之逆。於是下之人，不能以天下之同情，天下所同欲，達之於上。上以理責其下，而在下之罪，人人不勝指數。人死於法，猶有憐之者；死於理，其誰憐之！嗚呼！雜乎老釋之言以爲言，其禍甚於申韓如是也。六經孔孟之書，豈嘗以理爲如有物焉，外乎人之性之發爲情欲者，而强制之也哉？(疏證上卷)

戴氏取宋儒以理爲性之本質心之主宰之誤謬，指摘無遺。心是知、情、意、三者之合體，去其一，心且失其爲心，於生物之體，而去其欲情時，是否定其生存也。人不可不去情欲之論，孔孟皆未言及，謂君子之治天下也，使人各得其情各遂其欲，勿悖於道義。君子之自治也，務使情與欲一於道義，夫遏欲之害，甚於防川；絕情去智，仁義充塞；要爲老釋之言，非吾儒本旨。吾儒但主張去其欲之私與蔽，而歸於欲之中庸以爲修爲之要諦，決無此種無欲與絕欲之主張。蓋孟子之所謂「性」卽宋儒之所謂「才」，「才」俱指氣禀而言，此才不盡，則有二患；一曰私，二曰蔽，世所謂善不善，要由於此二者，而非才之罪。故學禮義可以去蔽，而强制可以去私，聖人之敎化，要爲如此。而吾儒四德之意義，亦是求欲情之得其中而下此工夫。戴氏蓋對於人性之本質；始終立足於人生觀上，以自然的生理的下其觀察；不似宋儒由本體的倫理的而作抽象論。其結果對於混雜老佛之宋儒理學，極端反對，以明孔子之眞傳，可謂卓識。而分心爲知，情，意，三面，以解釋心體，合乎近世之心理學，尤足見其思想之緻密也。

三　倫理觀

戴氏於宋儒混和釋老之心性說，既唾棄之，而以經世實用之學，善導天下之民，造成文質彬彬之文化社會，實現孔孟之精神，當然爲其理想。故主張不可不使民遂其情，調節欲望而保其中庸；但如何而此情可遂，此欲可達，在實踐倫理上，人生知、情、意，三者，如何可以保其調和。戴氏曾言去私去蔽，制御欲情，此兩條是其教育觀及倫理觀。嘗曰：私生於欲之失，蔽生於知之失，釋氏尙無欲，儒家尙不蔽；釋氏以爲主靜可至於君子，儒家則强恕以去私，問學以去蔽，主忠信，而明其善，則養其心而去其私，即得欲之中庸。其言曰：

夫過欲之害，甚於防川，絕情去智，仁義充塞。人之飲食也，養其血氣；而其問學也，養其心知，是以自得爲貴。血氣得其養，雖弱必强；心知得其養，雖愚必明；是以擴充爲貴。君子獨居思仁，公言思義，動止應禮，竭其所能謂之忠，明其所履謂之信，施其所平謂之恕，馴而致之謂之仁且智，仁且智者，不私不蔽者也。君子之未應事也，敬而不肆，以虞其疏；至而動，正而不邪，以虞其僞；必敬必正，以致中和，以虞其偏且謬。戒疏在乎恐懼，去僞在乎愼獨，致中和在乎達禮。精義至仁，盡天下之

人倫，同然歸之於善，可謂至善矣。若夫以理爲學，以道爲統，以心爲宗者，探之茫茫，索之冥冥也，曷若反求之六經耶！（原善）

以六經匡心知，以物質遂欲而養血氣，正所謂健康之精神，宿於健全之身體者也。明乎此義，則養其中和之德，則私蔽自去，孟子所謂大丈夫之境地自達。其思想正通於近代之「自然主義」與「功利主義」。所謂「以人之欲爲己欲之界；以人之情爲己情之界」之說，尤爲極自然的見解，其中默含功利思想，自不待言。

第四節　洪亮吉

一　略傳及著書

經史學家而具深湛之思想者，戴震而外，尚有洪亮吉。亮吉字君直，一字稚存，江蘇陽湖人。生六歲而孤，家貧，就外家讀，聰穎倍常兒。年二十四，補諸生，始好詞章，繼乃兼治經史。性至孝，常橐筆遊公卿間，節所入以養母。母卒後，遇忌日，輒不食。居陝時，至友黃景仁病篤，馳函託以身後事。四晝夜馳七百餘里，往料理其喪；扶其柩回常州，爲營葬焉。乾隆庚子中順天鄉試，庚戌成進士，授翰林院編修。旋提督貴州學政，其教士敦厲實學；由是黔人皆知好古讀書。嘉慶初，川楚教匪作亂，上求直言。乃上書謂聖躬競業於上，在勤政遠佞；臣工惕厲於下，毋奔競營私；語過激直。上震怒，下軍機刑部會訊，擬大辟。特恩免死，戍伊犂。就道之日，居民圍觀於馬前，相與歎息曰：「此所謂不怕死之洪翰林也」。後赦回，自號更生居士。從此一意著述，放浪於山水者十年。卒年六十四。

所著書有左傳詁二十卷；公羊穀梁古義二卷；六書轉注錄十卷；漢魏音四卷；比雅十卷；傳經表通經表各二卷；此外尚有地理誌及詩文集詞樂府等，合刊爲洪北江遺書。

二　學說

亮吉文集中；有意言二十篇。其中眞僞篇有云：「今世之取人也，莫不喜人之眞，厭人之僞，是則僞不可爲矣；而亦不然。襁褓之時，知有母而不知有父，然不可謂非襁褓時之眞性也；孩提之時，知飲食而不知禮讓，然不可謂非孩提時之眞性也。至有知識而後，知家人有嚴君之義焉；其奉父也，有當重於母者矣。飲食之道，有三揖百拜之儀焉；酒清而不飲，肉乾而不食，有非可徑情直行者矣。將爲孩提時之眞乎？抑有知識時之眞乎？必將曰孩提之時雖眞，然苦其無知識矣。是則無智識之時眞，有智識之時僞也。吾以爲聖人設禮，雖不導人之僞，實亦禁人之率眞。何則？上古之時，臥倨倨，興盱盱，一自以爲馬，一自以爲牛，其行蹎蹎，其觀瞑瞑，可謂眞矣。而聖人必制爲尊卑上下寢興坐作委曲煩重之禮以苦之；則是眞亦有所不可行，必參之以僞而後可也。且士相見之禮當矣，而必一請再請，至固以請，乃克見。士昏之禮，當醴從者矣，亦必一請再請，至固以請，乃克就席。鄉射禮知不能射矣，而必託辭以疾，以至聘禮，不辱命，而自以爲辱。朝會之禮，無死罪，而必自稱死罪。非皆禁人之率眞乎？總之；上古之時眞，聖人不欲過於率眞，而必制爲委曲煩重之禮以苦之；孩提襁褓之時眞，聖人又以爲眞不可以徑行，而必多方誘掖獎勸以挽之；則是禮教既興之後，知識漸啟之時，固已眞僞參半矣。而必龂龂焉以眞僞律人，是又有所不可行也。」此其言眞僞與世之言眞僞者絕不同，頗近荀子性惡善僞之說。然在形質篇，則又謂：「嗜欲益開，形質益脆；知巧益出，性情益漓」其意又似相反，一若所設之僞道，畢竟不可以久，去僞日近，離眞愈遠，吾人宜復歸於眞者方可也。

亮吉之經濟思想，尤極縝密，其意言中之治平篇云：「人未有不樂爲治平之民者也，人未有不樂爲治平既久之民者也。治平至百餘年，可謂久矣。然言其戶口，則視三十年以前，增五倍焉；視六十年以前，增十倍焉；視百年百數十年以前，不啻增二十倍焉。試以一家計之；高曾之時，有屋十間，有田一頃，身一人，娶婦後不過二人。以二人居屋十間，食田一頃，寬然有餘矣。以一人生三子計之，至子之世，而父子四人，各娶婦卽有八人；八人卽不能無傭作之助，是不下十人矣。以十人而居屋十間，食田一頃，吾知其居僅僅足，食亦僅僅足也。子又生孫，孫又娶婦，其間衰老者或有代謝，然已不下二十餘人。以二十餘人而居屋十間，食田一頃，卽量腹而食，度足而居，吾知其必不敷矣。又自此而曾焉，自此而玄焉，視高曾時，口已不下五六十倍，是高曾時爲一戶者，至曾玄時不分至十戶不止。其間有戶口消落之家，卽有丁男繁衍之族，勢亦足以相敵。

或者曰；高曾之時，隙地未盡闢，閒廛未盡居也；然亦不過增一倍而止矣；或增三倍五倍而止矣；而戶口則增至十倍二十倍。是田與屋之數，常處其不足；而戶與口之數，常處其有餘也。又況有兼併之家，一人據百人之屋，一戶佔百戶之田；何怪乎遭風雨霜露飢寒顛踣而死者之比比乎？曰：天地有法乎？曰：水旱疾疫，卽天地調劑之法也。然民之遭水旱疾疫而不幸者，不過十之一二矣。曰：君相有法乎？曰：使野無閒田，民無剩力，疆土之新闢者，移種民以居之，賦稅之繁重者，酌今昔而減之。禁其浮靡，抑其兼併，遇有水旱疾疫，則開倉廩悉府庫以賑之。如是而已。是亦君相調劑之法也。要之，治平之久，天地不能不生人，而天地之所以養人者，原不過此數也。治平之久，君相亦不能使人不生，而君相之所以爲民計者，亦不過前此數法也。然一家之中，有子弟十人，其不率敎者常有一二。又況天下之廣，其遊惰不事者，何能一一遵上之約束乎！一人之居，以供十人已不足，何況供百人乎！一人之食，以供十人已不足，何況供百人乎！此吾所以爲治平之民慮也。」此以戶口之增，與田屋之增，不相比，累率以計算，十分精審。近世經濟學者竭盡腦力，研究數十年而卒無方法以善其後者，卽此問題。亮吉生於乾嘉極盛之時，而思深慮遠，若已見及天下危亂之機，誠可謂卓見。且彼時亦初不知有所謂經濟學統計學，而其思慮之周密如此，尤不得不使人歎服也。

第五節　俞樾 附孫詒讓

一　略傳及著書

俞樾，字蔭甫，號曲園，浙江德清人。清宣宗道光二年（紀元一八二二）生，光緒三十三年（一九〇六）卒，年八十有六。三十歲成進士，入翰林。咸豐七年，提督河南學政，革職，寓居蘇州，讀書始有志著述。治經之外，旁及諸子。著有春在堂全書，其中羣經平議三十五卷，諸子平議三十五卷，最有價值。此外有第一樓叢書三十卷，詩詞編，賓朋集等百七十六卷。賓朋集卷四十五有性說上下二篇，可以見其講學之態度。蓋其眼中以為孔子初不判定性之善惡，至孟荀始有善惡之主張，彼則有取於性惡說，而不取性善說者也。

二　學說

(1) 論性與才之別

曲園謂民之初生，如禽獸然；聖人懼之，故敎以五倫之道，設禮制刑，荀子之言，實已盡之。夫使人性本善，則聖人何必如此？或難之曰：聖人敎人以人性本善也；若人性不善，則敎無所施，今將執禽獸使知五倫之道，其可得乎？吾則曰：此非性之異，才之異也；禽獸無人之才，故不能爲善，亦不能爲大惡。人則不然，其才能役使萬物，方其未有聖人之時，天下之人，率其性之不善，又佐之以才，蓋其爲惡，十百倍於禽獸也。聖人曰：「是能爲惡，亦將能爲善，不如禽獸之冥頑不靈，吾無從施其敎。」於是以其所能，敎人之不能；以其所知，敎人之不知；人之才果足以及之。然則人之可以爲聖人者，才也，非性也。性者，人與物之所同也；才者，人與物之所異也。禽獸之不及人，非其性之不足，其才之不足也。曲園之倫理說，爲性惡一元論，視性甚輕。自性言之，則人類與下等動物，悉皆同一；惟才有優劣，故人類爲萬物之靈長，而動物則爲人之使役也。且惟人之才多，故爲惡亦遠勝於禽獸；是故當求善良之方法，以謀屈性伸才。是彼之政治敎育之要旨，亦可謂之輕性重才說。

(2) 駁孟子

曲園謂孟子所云：「人之所不學而能者，其良能也；所不慮而知者，其良知也。」而以孩提之童之愛親敬兄爲證據，其說非也。何則？孩提之童，其母乳之，其父燠咻之，故自然能愛其親，此愛非良知良能，乃昵其所私耳。及長則對於其親，偶有同異之見，而憎愛卽起；至於兄弟之間，友悌破裂，時起爭鬭，乃是常事，此適足以表明性之不善也。又云：孟子說「人無有不善，水無有不下，今夫水，搏而躍之，可使過顙；激而行之，可使在山；是豈水之性哉？其勢則然也！人之可使爲不善，其性亦猶是也。」嗚呼！使世人而皆聖賢，其愚者不失爲君子，爲惡者僅千百中之一，則孟子之言信矣。今天下之人，爲善者少，爲惡者多，何其性之善變耶！夫水搏之過顙，俄頃卽復其故；人性豈如是耶？强之如是，固決不能持久，而人之爲惡，將終其身焉，則孟子之說非也。又謂人之善惡恰如壽夭，孟子曰：「人皆可以堯舜，」此無異說人皆可以保百年之壽，嗚呼！何其言之輕易也。

(3) 孟荀比較

孟荀二子之性說，於根柢則正相反對，而其修爲之極度，得達於聖人之域則同。孟子曰：「人皆可以爲堯舜」荀子曰：「塗之人可以爲禹。」於是曲園本其自家之見地，以判斷二家之說曰：『荀子必取於學者也；孟子必取於性者也。從孟子之說，將使天下之人，恃性而廢學，而釋氏之教，得以行於其間；書曰：「節性，惟日其邁」（周書召誥）記曰：「率性之謂道。」（中庸首章）孟子之說，率其性者也；荀子之說，節其性者也。夫爲君子之責者，在使人知率其性，人者在使知節其性者也。故吾人論性，不從孟而從荀也。』由是觀之；曲園之性說，乃自政治敎育之功利見地上以立言也。

(4) 結論

荀子出於周末，唱性惡一元的倫理說，後儒非之者多，絕無一人左袒之者；隔千九百餘年後，曲園獨毅然贊同之，不可謂非隔世之知音也。近代西洋之利己說，實卽與性惡說同一見地，而在我國，則古今來惟有荀俞二氏主張此說耳。曲園當清代諸儒醉心於程朱糟粕之際，獨不肯盲從，而排斥宋明以下諸大家，遙應荀子，不可謂非卓見，豈得謂其好奇乎？然曲園始終尊崇孔子，其辨性與才曰：「性惡者，才可爲善可爲惡者也。」惜於性與才之關係，尚未有徹底之解釋。以此說比較孟子之性情才皆善說，固大不同；以之比較荀子之天性惡人爲善之說，則曲園之辨析性與才，有加一層闡明之功。以圖解之如左：

荀子：天性——惡；人爲——善

曲園：性——惡；才——善、惡

依吾人今日之見，究竟古來性善性惡二說，孰近眞理？則答曰兩者不過各含一部分之眞理，而未完全者也。蓋性之本體渾然，無所謂善惡；善惡者，其後起之作用也。各就作用之一面，以認本體，而執爲善爲惡之說，是不免見其一不見其二；故以孔子言「性相近，習相遠，」最爲適當。若執其一偏，而互相詆排，恰如執著愛己主義，愛他主義，各偏於一方相似。然在儒家之立場，惟以性善說爲最正，故古來無數學者，罔不歡迎孟子；獨有曲園敢於千百餘年後，闡發荀子之說，其自由研究之精神，有足多者。

曲園曾主講浙江詁經精舍，有大弟子曰孫詒讓，卓然爲考證學之殿將，其造詣之精，幾駕乎乾嘉諸大師之上；特附述之。

孫詒讓，字仲容，浙江瑞安人，太僕依言之子。少好六藝古文，太僕諷之，使爲經世致遠之學。詒讓謂「先漢諸黎獻，風義嚼然，經訓固未嘗不可通於治也。」太僕乃授以周官經，其後作周禮正義，實自此始。年二十，中同治丁卯鄉試，援例得主事。從父官江寧，與德清戴望儀徵劉壽曾等遊，學益進。

從來治經者，以禮爲最難。詒讓則獨長於禮，所著周禮正義八十六卷，宏深精博，冠絕古今。又著古籀拾遺三卷，以金石文字，辨正六書，兼推闡古人造字之精意，成名原二卷。又辨析龜甲，成契文舉例二卷。又以墨子脫誤乖舛，幾不可讀，乃集合諸家校本，一依小學形聲通假之例，逐加詮釋，成墨子間詁十五卷；今人得以通墨子者，端賴

第六章　實用派

第一節　顏元

一　略傳及著書

汪中有「六儒頌」舉崑山顧炎武，德清胡渭，宣城梅文鼎，太原閻若璩，元和惠棟，休寧戴震六人。但可與六人並肩齊驅者更有餘姚黃宗羲，衡陽王夫之，無錫顧祖禹，大興劉獻廷，皆一世之大儒，除黃王二子外，餘二人稱爲思想家，當有不類。此外又有顏元其人，倡特異之學說。其學超出「宋明性理學」之範圍外，直參孔孟經世之學，欲以謀天下國家之公利。然其內容不如孔孟之爲理想的，而爲意志的努力的及節用公利之點，與墨子極多類似之處。

顏元字渾然，號習齋，直隸博野人。生於明崇禎八年（紀元一六三五）。父諱㫤，幼養於蠡縣朱氏，爲蠡縣人，事蹟不明，然在習齋幼時，已遠往遼東，且在該地再娶。習齋五十歲，曾尋訪其父有銀工金某之妻，告以墓所在，祭而歸。（顏氏遺書「年譜」）其生母何時歿，不可得而考。但彼在蠡縣劉村朱翁家，備嘗貧苦，當是事實。翁卒，始歸宗。八歲就學，刻苦勉勵，異於常人，學業因以日進。稍長，慨國事日非；因研究戰守攻取之略。二十一歲時，讀通鑑，忘寢食。二十四歲，開家塾，敎子弟。初著存知篇；翌年著存性篇；又續著存學篇；樹立其學說之根本。後又著存人存治篇。且躬耕講學，一世皆仰其人格。康熙四十三年歿（紀元一七〇四），年七十歲。弟子有李塨最著。著作則有顏氏遺書，收在畿輔叢書中。此外又有合刻之顏李遺書。

二　實用主義

顏氏生長窮境，志氣强固，行事徹底，誠有墨子當年氣象。嘗謂「立言但論是非，不論異同，是則一二人之見，不可易也，非則雖千萬人之所同，不隨聲也。豈惟千萬人而已哉！雖千百年同迷之局，我輩亦當以先覺覺後覺，不可附和雷同也。」（遺書「學問篇」）顏氏見解，與顧黃二子相同，皆有鑑於明季心學之流於放縱，欲矯其弊害，以破斥空疏之學，但黃子雖戒「王學」末流之空疏，而未嘗認「王學」爲非；顧子雖斥「明學」爲非，而未嘗攻及宋學；顏氏則不然，彼於宋之理學，明之心學，一概排斥，以爲此種學問要爲紙上之空論，無益於躬行實踐。孔子敎人學六藝，不是口頭之學，是率弟子實地練習，然後各就所得而爲體驗之談，此實得之體驗，卽孔子之敎導也。故孔子之弟子，皆能應用其學爲當時社會有用人才。若如近世之性理學，毫無體驗，僅口頭學問，直是佛性論之剽竊，佛家所謂幻覺之性，實一種死學，究何所益。故學宜以實用爲旨，而敎科則宜以周禮鄉三物爲歸，如是則死學庶可變爲活學。

僕妄謂性命之理，不可講也；雖講，人亦不能聽也；雖聽，人亦不能醒也；雖醒，人亦不能行也。所可得而共講之，共聽之，共醒之，共行之者，性命之作用，如詩書六藝而已。卽詩書六藝，亦非徒列坐講聽，要惟一講，卽敎習，習至難處，來問，方再與講，講之功有限，習之功無已。孔子惟與弟子，今日習禮，明日習射，間有可與言性命，亦因其自悟已深，方與言。蓋性命非可言傳也，不特不講而已也。（遺書「存學篇」）

又謂程朱由理氣說明性之善惡，要爲根於釋氏「六賊之說」而然。若孔孟之言性，則合於身而言之。蓋有物斯有則，放形而言性，不自覺其陷於抽象的佛說也。彼云：

> 堯舜周孔之言性也，合身言之，故曰有物有則。堯舜性之，湯武身之，堯舜率性而出身之所行，皆性也；湯武修身以復性，據性之形以治性也。孔門後惟孟子見及此，故曰「形色天性，惟聖人然後可以踐形」，形，性之形也；性，形之性也；舍形則無性矣，舍性亦無形矣。（下略）（遺書卷一「存人篇」）

顏氏爲實用主義之學者，此種批難，自是必然之結論。但彼之學說，缺於思辨，不足以破程朱之壁壘，此是其長處亦是其短處也。年譜中載習齋曾習「程朱學」，及南遊時，與諸學者交，見人人禪子，家家虛文，直與孔門敵對。於是慷然悟程朱之學爲非，以爲必破一分程朱，始可近一分孔孟；乃判定程朱與孔孟截然兩途。於是脫出心齋坐忘之非而以實踐事功爲學。其對於宋明性理學之反動，恰與先秦墨子，對於當時儒者忘卻孔子本旨，徒拘於繁文縟禮之末節，起而一洗其弊害者正同。二人雖相去數千年，確是絕好對照，故顏氏又確是一個革新的思想家。嘗謂「人之歲月精神有限，誦說中度一日，便習行中錯一日，紙墨上多一分，便身世上少一分。」（存學篇）又謂「靜閒而久愛空談之學，必至厭事；厭事必至廢事，遇事即茫然。故誤人才敗天下者，宋學也。」（年譜下）此數語即彼之中心思想。蓋彼以爲學必兼實用，立足於實用主義上，論旨堂堂，毫不曖昧，極類墨子而更痛切。彼以爲人之認讀書爲學者，固非孔子之學；以讀書之學解書，並非孔子之書。

孔子是主張做事，主張爲做事而讀書，除卻做事，即無所謂學問。故其敎弟子，以周禮大司徒鄉三物爲中心：一曰六德，知、仁、聖、義、忠、和。二曰六行，孝、友、睦、婣、任、恤。三曰六藝，禮、樂、射、御、書、數。而尤重六藝，務使弟子熟習其一，以養成實務人才。彼二十二歲時，爲貧而學醫，學成後，率弟子躬耕以自活，此點又與墨子相同。而「生存一日，當爲生民辦事一日」之標語，又與現代「勞動神聖，不工作則不得生活」之社會主義之思想相同；此點亦似墨子。在此意味上，可知彼極端反對宋明思辯之學，而主張實踐，是以活學代死學者也。

三　政策論

顏氏謂吾用力農事，不遑食寢，邪妄之念，亦自不起，若用十分心力，時時往天理上做，則人欲何自生哉！信乎力行近乎仁也。（年譜上）

顏氏重實利實行，且以勞動爲神聖，故對於世之徒食懶惰者，極爲厭惡。社會上貧富不均之問題，亦曾用力研究；故於社會政策，主張用周朝之制度「井田法」及漢以後之「屯田制」。彼以爲社會之病源，大多數生民之塗炭，要由於「富者兼併」而成。略述其井田論屯田論如下：

顏氏當時，富之增殖，大部分是依於地力，經濟上之問題，與土地問題，關係最切。然自周代井田法破壞以來，土地變成私有制，人口相伴而繁殖，富力日趨於壟斷。此反比例之所及，土地遂次第爲少數之貴族富豪所兼併，社會上可憎可悲之現象，殆無法挽救；要皆由於富之兼併，及井田制破壞之故。當二千餘年之前，曾慮及土地之兼併，欲復活古代井田之制，孟子曾主張之。蓋土地本是天與，所謂天惠之物，決非一人所得而私有。人之初生，本赤裸裸無一物；何以小部分之人，當終身溫飽榮華，而大多數之人，轉呻吟於困苦窮乏之中，至於老死，此果出於天意乎？君主，民之父母也；倘一子生而爲富民，他數子生而爲貧民，爲父母者其能坐視而不力圖改偏救正乎！爲君主者如此，則其治道，猶可說合於王道順於人情乎！故土地之私有，自當禁止，齊私田而一租稅，方是正道。

天地間田，宜天地間人共享之，若順彼富民之心，卽盡萬人之產而給一人，所不厭也。王道之順人情，固如是乎！況一人而數十百頃，或數十百人而不一頃，爲父母者，使一子富而諸子貧可乎！……況今荒廢之地，至十之二三，墾而井之，移流離無告之民，給牛種而耕焉，田自更餘耳。（遺書「存治篇」）

其次論及兵制，彼謂古時唐有「府兵」明有「衞制」，然能維持其兵力，亦惟限於創業之初；過此以後，則將祇知營私，流於偸惰；士卒等於鼠賊，臨陣未遇敵而先已鳥獸散矣。其弊皆因兵農分立，兵士與田里毫不相關，而愛國之精神，遂全失矣。故當復行古之屯田制，寓兵於農。其方法則與井田制，有密切關係；每井中抽調壯丁，於農隙時，選適當之地點分文武二科訓練之；且使之明節義，養成有理解之兵士。其結果一可以富國節用二可以得愛國死敵之兵。此見解在經濟上，國防上，兵質上，皆可爲卓識。且其主張之政策，皆具體立言，與紙上空談者，逈異其趣。其實用經國之才，確有可表見者也。

四　結論

顏氏之學，皆是切於實用，補救宋明以來學者之缺點，一洗社會之弊風，自是對症之藥。而社會上經濟上之政論，雖今日猶佔極有價值之地步。惜當時不能見諸實行，及其弟子李塨一死，其學且至於中絕無聞，可惜也。

第二節　李塨

一　略傳及著書

李塨，字恕谷，別字剛主，直隸蠡縣人。生清順治十六年，（紀元一六五九）卒雍正十一年，（紀元一七三三）年七十五。塨以父命，師事習齋，盡傳其學。康熙三十九年，舉於鄉。習齋足不出戶，不輕交一人。塨則常往來京師，廣交天下賢士，如萬季野、閻百詩、胡朏明、方靈皋輩，均有往還。時季野負盛名，每開講習，列坐皆滿。一日，衆方請季野講「郊社之禮」，季野則推尊恕谷，請其講眞正聖學。王崑繩才氣不可一世，自與塨爲友，受其感動，以五十六歲老名士，親拜習齋之門爲弟子，遂爲習齋學派下有力人物。故此派雖創自習齋，實得恕谷然後完成者也。習齋律己待人，一律嚴峻；恕谷則謂交友須令可親，方能收羅人才，廣濟天下。習齋取與不苟，主張非其力不食；恕谷則主通功易事。習齋排斥讀書；恕谷則謂禮、樂、射、御、書、數等，有時非賴考證不明，故書本上學問，亦不可廢。此皆對於其師補偏救弊之處，然學術大本所在，則未嘗有出入。塨有友曰郭金湯，作桐鄉知縣；楊勤，爲陝西富平縣令，均先後聘塨入幕。塨曰：「學施於民物，在人猶在己也。」欣然前往，郭楊用塨言，政教大行。但李光地爲直隸巡撫，招之不往；年羹堯開府西陲，兩次來聘，皆以疾辭。習齋生平不著書，今傳者惟四書正誤習齋餘記幷存學存性存治存人四篇。恕谷亦尚躬行，不喜空文著述。晚年因問道者衆，乃著小學稽業五卷，大學辨業四卷，聖經學規纂二卷，論學二卷，周易傳注七卷，詩經傳注八卷，春秋傳注四卷，論語傳注二卷，大學中庸傳注各一卷，傳注問四卷，經說六卷，學禮錄四卷，學樂錄二卷，擬太平策一卷，田賦考辨，宗廟考辨，禘祫考辨各一卷，閱史郄視五卷，恕谷文集十三卷。其門人馮辰，劉調贊共纂恕谷先生年譜四卷。同治中，德清戴望，撮取顏李之說，為顏李學記。近東海徐氏，彙刻顏李遺書。又命其門客為顏李語要各一卷；顏李師承記九卷。

二　學說

顏李之學，見識之高，膽量之大，古今殆未有其匹。自漢以來，二千年所有學術，均為彼所否認。彼反對讀書是學問，尤反對注釋古書是學問，乃至反對講說是學問，反對明心見性是學問，如此自漢以來二千餘年之學問，不幾全部推翻耶！

瑹嘗云『讀書久則喜靜惡煩，而心則板滯迂腐；故予人以口實，曰「白面書生，」曰「書生無用，」曰「林間咳嗽病獼猴，」世人猶謂讀書可以養身心，誤哉！顏先生所謂讀書人率皆如婦人女子以識則戶隙窺人以力則不能勝一匹雛也。」又云：後世行與學離，學與政離。宋後二氏學興，儒者浸淫其說，靜坐內視，論性談天，與孔子之言，一一乖反。至於扶危定傾，大經大法，則拱手張目，授其柄於武人俗士。當明季世，朝廟無一可倚之人，坐大司馬堂批點左傳；敵兵臨城，賦詩進講；覺建功立名，俱是瑣屑。日夜喘息著書，曰此傳世業也。卒至天下魚爛河決，生民塗炭，烏呼！誰生厲階哉！（恕谷文集與方靈皋書）

第七章　和會儒釋派

等一節　彰紹升　附汪縉羅有高

一　略傳及著書

當漢學風靡天下之際，學者均不肯道宋學，更不敢講佛學。乃有彭紹升其人，竟由儒入釋，不效宋儒之陽儒陰佛，直捷了當自成和會儒釋一派，不可謂非豪傑之士也。紹升，字尺木，又字允初，法名際淸，號知歸子，長洲人。世爲儒，父兄皆以文學官於朝。紹升年二十餘，治先儒書，以明先王之道爲己任，兼通晦庵象山陽明梁谿之學說，治古文，出入韓李歐曾。以乾隆三十四年，成進士，選知縣，不就而歸。旣而專心淨土，尤推重蓮池憨山，竭力宏揚佛敎。年二十九，卽斷肉食。又五年，受菩薩戒，自此不近婦人。嘗言志在西方，行在梵網，晚歲屛居僧舍者十餘載，日有課程，雖病不輟。卒於嘉慶元年，（紀元一七九六）年五十七。

著書有一乘決疑論，以通儒釋之閡；著華念佛三昧論，以釋禪淨之諍；又著淨土三經新論。此外有居士傳，善女人傳，淨土聖賢錄，皆爲世傳誦。紹升之文集，專闡揚內典者，爲一行居集；講論外典者，爲二林居集。

二　學行

紹升嘗曰：「吾於觀艮二卦，見聖人之心法焉。詩曰；穆穆文王，於緝熙敬止。緝熙者，觀也；敬止者，艮也。乾知大始，其觀之所從出乎！坤作成物，其艮之所自成乎！是故觀艮者，乾坤之門戶也。論語體之爲學識，中庸標之爲明誠，千聖復生，無以易此矣。」（二林居集讀易）是明明以天台之止觀通易也。又曰；「知至云者，外觀其物，物無其物，是謂物格。內觀其意，意無其意，是謂意誠。進觀其心，心無其心，是謂心正。由是以身還身，以家還家，以國還國，以天下還天下，不役其心，不動於意，不滑於物，是謂身修家齊國治天下平。」（二林居集讀古本大學）此則以華嚴之理事無礙通大學也。紹升不但究心教理，而且篤修淨土，名其居曰二林；一梁溪之東林，爲高攀龍講學之所；一廬山之東林，爲釋慧遠結白蓮社之處，蓮社實我國淨土開宗，故紹升託意於是，明其世間法則有取於梁谿，出世法則有取廬山也。夫自宋明以來，儒者講學，殆無不參用佛說，而表面則又闢佛，且其所竊取者，大率禪宗，禪宗末流，大率口頭參究而缺少行持，明季蓮池大師（袾宏）住持雲棲，欲挽其弊風，極力提倡淨土之敎，以實行矯正之，於是雲棲之遠紹廬山，一時稱盛。紹升既不蹈宋明儒者之舊轍，且由儒歸禪，由禪歸淨，提倡實行，更不蹈禪宗之舊轍；其特立獨行之概，有足多者。然戴東原則極不以爲然，謂其誣孔孟，亦兼誣程朱。（東原集答彭進士允初書）考證家之眼光，當然如是。

汪縉字大紳，號愛廬，休寧人，居吳，終於諸生。羅有高名臺山，號尊聞居士，江西瑞金人，乾隆三十年舉人。紹升敍汪子文錄云「予年二十餘，始有志於學，其端實自汪子大紳發之」；又謂「予之於汪子之言也，一以爲創獲，一以爲固然，其不合者希矣。持以示人，人莫測其所謂，獨羅子臺山見而識之曰：是無師智之所流也。汪子既樂與余言，及見臺山而大樂，遂樂與臺山言，又樂與余言臺山，其言臺山也，不獨贊歎而已，詆訶笑謔，無不有也。其於予也亦然，時或與臺山言予，詆訶笑謔，無弗有也。」（二林居集）是知三人爲學之途徑，大率相同，其交誼之深，又可想見。惟大紳卒於乾隆五十七年（紀元一七九二）年六十八。臺山卒於乾隆四十四年，（紀元一七七九）年四十六。皆在紹升之前。

大紳曾以易理，融貫淨土曰：「衆生本來成佛，必以淨土爲歸者，何也？則以阿彌陀佛，爲萬佛之師，易所謂大哉乾元；淨土爲阿彌陀佛所攝，易所謂至哉坤元也；乾坤合撰，萬物之所以資始資生也。身土交融，衆生之所以去凡入聖也。」（汪子文錄讀淨土三經私記叙）

有高有云：「物之爭也以我，其忘爭也以無我，我也者，器之景，昧性而妄有執者也。（尊聞居士集）此則有取於釋氏身器之說，而其無量壽經起信論叙，則亦極贊淨土功德。

要之此三人者，志同道合，其始皆有用世之心，後皆由儒入佛，且皆篤修淨土，表裏如一，其學行遠過於宋明儒者之矯飾，故能自成一派，開後世居士之風，於思想上有重大影響。

第八章　公羊學派

第一節　公羊學派之淵源

清末時，勃興一大思潮，與西洋民主思想攜手，以鼓吹共和革命之精神，遂爲「辛亥革命」之大動力者，厥惟「公羊學派」。此派之思想與現今所謂「社會哲學相類」，求之於古，則墨法二家，頗多相通之處。

此學派發生之動機，最初是因於考證學之途窮，無發展之餘地。學界才智之士，欲打破多年之因襲，另闢一新境地；其結果，遂發見西漢之「今文學，再轉而包容內外之民主思想，應用於實際，遂爲社會革命之工具；民國共和之成功，此派之先驅鼓吹，極有關係。然革命成功之後，此學派已無人問及，蓋斯學初不過一時利用之工具，宜其有此現象也。

自顧炎武惠士奇諸人，鑒於明學之空疏，提倡考證學以來，六朝唐學之復古，漸成風尙。其中有閻若璩著古文尙書疏證，明斷「古文尙書」爲王肅僞作。學者遂幷疑肅以下六朝之注疏，而信馬融鄭玄之學，力求復於東漢。士奇之子棟，即是「東漢古文學」之中堅。乾隆嘉慶以來，「東漢注疏學」達於全盛時期。研究愈進步，又發現新事實，覺此古文學，乃是劉歆媚事王莽，立爲官學，而自任校纂之職者，當然不能認爲足信之經典，而眞正之經典，不能不求於西漢之「今文」於是「今文學派」遂勃興。但是西漢十四博士之今文經傳，在西漢末年，已爲當時流行之古文經傳所壓倒。今文學衰滅之原因，未必如現代公羊學派所說，全由於東漢僞古文之出現。蓋西漢今文學者，率皆秦代舊儒，其思想多方士化，有神秘迷信的傾向，謂爲得經傳之正統，自不可能。而古文學派之大師，如服虔馬融鄭玄等，皆是一代名儒；其中如鄭玄，尤爲淹博；董仲舒何休之主觀的理想主義之今文派，決非其敵手。況後來晉代之杜預王肅等，又皆承古文學之緒，西漢之經傳，至此遂歸堙滅。及唐孔穎達作十三經註疏，又悉遵東漢之古文學；一蹶不振之今文學派，僅何休注之公羊傳，尙流行於世，保其一縷之命脈。何注雖有徐彥之爲之疏，然徐疏對於何義，別無發明。何之本色，全然保存。故清代公羊學派，專力何休之註，遂於何之暗示及預言之處，感一種趣味；加以潤色，欲更創一新生命，此卽「公羊學派」之起源，何休之注，爲此派惟一之根據。

春秋一書，經孔子生平之精力筆削而成。其經傳之流於後世者，有左氏公羊穀梁三種。漢初盛行公羊學，宣元之間，兼立穀梁學官，左傳至西漢末始出世，東漢時方大行於世。公羊傳自孔門子夏之學統而傳於公羊高，其所以盛行於西漢者，因其筆法有大一統寓尊王之意；且其「西狩獲麟」之解釋中，有「制春秋之義以俟後聖」之言；漢初公羊派學者，謂此聖人卽指漢高祖，因而張皇其說，其書遂大行於世。左氏傳所以流行於東漢，說者謂因此書昭公二十九年之紀事中，有帝堯之子孫劉累爲御龍氏一節記事，劉氏是帝堯之後裔，由此得以證明之故。但此說未必確實，蓋劉累之記事，在西漢時已有人奏聞，當時並未棄公羊而用左傳，而謂東漢反因此而有變更，其說自不能成立也。以事實言，殆是學派爭持之結果，優勝劣敗自然之淘汰。蓋西漢末古今文之爭，初不僅限於公羊與左氏，其他五經全體皆如是，東漢初古文學全盛，左氏傳之壓倒公羊傳，自是意中事也。自此以後，公羊傳束之高閣，僅有唐朝之啖助，宋朝之孫明復曾爲之解釋。（春秋尊王發微十二卷，孫明復著，收在通志堂經解中。）至清朝則因考證學興自惠棟一派之漢學者，經戴段二王盡力發展之後，東漢之注疏學，吸收盡淨，故方向一轉，武進之莊存與，遂注目及於公羊學；同縣有劉逢祿，又加以發揮。彼等之主張，大致亦以爲東漢古文學，是鄭玄之一家言；西漢之今文學，則確有師承，源出上古，欲得先王之眞精神，必於此著眼方可。且從來之考證學，惟以名物訓詁爲主，而於古書之大義，常忽視之；可見彼等之學，全屬部分的研究，而非全體之思想。故求學之精神，當改變其方向，必以探索古書之微言大義爲的。此公羊傳之所以可貴也。此派說「公羊學」是經義主張之學，「考證學」是經義疏通之學。

於此中有當注意之問題，卽「公羊學派」之主張，與「公羊傳」並不相同。公羊傳是孔門子夏之弟子公羊高所作之春秋傳，其傳注是東漢何休之解釋，莊劉諸人，對於此傳之研究，所謂公羊學派也。在理後者當附承前者，但事實上所謂「微言大義」，兩無關係。詳言之：公羊傳注中，有許多奇怪之處，而公羊傳則惟說孔子之尊王大義而止。例如隱公「元年春，王正月，」傳文曰：「王者孰謂？謂文王也；曷爲先言王而後言正月？王正月也曷言乎王正月？大一統也。」明言奉周王正朔，以示尊王大義。然何休解此傳文，則謂文王是新受天命而爲王，春秋是新受命而作王法之書，文王是假名，其實是指魯王，如此附會，與傳義殆無關涉。莊劉等又踵其說，而力求新解；存與著春秋正辭十三卷，逢祿著公羊何氏釋例十卷，所謂「張三世」「通三統」「絀周王魯」「受命改制」諸義，更次第衍出。此種解釋，固然在西漢董仲舒之春秋繁露中已發其端；董是有名之神秘家，何休繼承其說，及莊劉等之解公羊，亦是何休之說，與公羊傳本身，均無關係。晚近又有龔自珍其人，與「公羊學派」以絕大影響。自珍是段玉裁之外孫，初在段處治訓詁學；其才性不羈，不修細行，有詩人之風，喜今文，時引其義，以譏諷時政，排斥專制政治。且文辭瑰麗，一時初學者大受其衝動。（有文集十卷，詩詞四卷，）又有魏源學公羊於劉逢祿，亦張其說，與龔齊名。「今文學」遂由此漸達於隆盛。

是時學者，知鄭玄馬融許愼等之「古文學，」不足以盡「漢學；」同時輯佚之學亦盛行，搜集古經說之片言隻字，不遺餘力，又以今文派家法，擴大其範圍，研究及於他經，古今之文分野，至此遂益明顯。如馮登府之三家詩異文疏證二卷，陳壽祺之尚書大傳注，陳喬樅之今文尚書經說考三十六卷，尚書歐陽夏侯遺說考一卷，三家詩遺說考五十卷，齊詩翼氏學疏證二卷，陸續出世；既攻究今文之遺說，復論其家法之異同。魏源著詩古微十七卷，認「毛傳」及「大小序」皆爲晚出之僞作；又著書古微十二卷，贊同閻若璩之說，認古文尚書爲東晉晚出之僞作；更斷言東漢馬融鄭玄等之古文說，亦非孔安國所傳之舊本。辭既博辨，對於古文學之攻擊，爲力甚大。同時邵懿辰亦著禮經通論一卷，謂「儀禮十七篇」本是足本，「古文逸禮三十九篇」乃劉歆之僞作。又在魏源以前，劉逢祿曾著左氏春秋考證二卷，謂左氏春秋與晏子春秋、呂氏春秋等，同一性質，所謂記事之書，並非解經之書。於是詩、書、左氏傳、逸禮等，凡西漢末劉歆所力爭而立學官之「古文經傳」，至此皆變成可疑之書。

以上是今文家竭其研究之精力，所得之成績，其中可取之點，固然不少。至王闓運、廖平時，其勢更張，及康有爲其學遂至於大成。

第二節　公羊學派之內容

據何休注公羊之例，春秋中有「五始」（元者，氣之始；春者，四時之始；王者，受命之始；正月者，政敎之始；公卽位者，一國之始。）「三科」「九旨」「七等」（州、國、氏、人、名、字、子。）「六輔」（公輔天子，卿輔公，大夫輔卿，士輔大夫，京師輔君，諸夏輔京師。）「二類」（人事，災異。）等條例。孔子之理想，卽示在此等條例中。公羊家則尤重「三科」「九旨」奉爲金科玉律。此二條孔廣森在其所著公羊通義之敍文中，亦解釋之。但與何休之說，則全不同。現在專論何說，則其所謂「三科」「九旨」者如下：

新周故宋（殷微子所封之國）以春秋當新王（魯）是一科三旨也。（通三統之意思）所見異辭，所聞異辭，所傳聞異辭，是二科六旨也。內其國而外諸夏，內諸夏而外夷狄，是三科九旨也。

何說如是，其中實祇三科八旨，想何氏遺漏內外（夷夏）合一一旨，茲就「公羊學」中諸要點簡單說明之如次：

(一)通三統　此思想是繼承前漢董仲舒之春秋繁露而來，謂新王受天命，行其革命時，一面改正朔，易服色，變禮樂，以一新天下之耳目。同時封前二王之子孫，存其王號，合新王爲三王。如是則謂之「通三統」。此三王再以前二代之王併合之，則稱五帝。更溯而上，則稱九皇。但三統之義，要專指新，舊，舊舊三代而言；其意惟優待與新王相接近之前二代；愈溯及古，則待遇當愈薄。(春秋繁露中三代改制質文篇，崔適春秋復始九卷參考。)

(二)張三世　卽所謂所見異辭，所聞異辭，所傳聞異辭三者；其記事出於「隱公元年」「桓公二年」「哀公十四年」等傳中。何休解釋此傳曰：

所見者，謂昭、定、哀，己與父時事也；所聞者，謂文、宣、成、襄，王父時事也；所傳聞者，謂隱、桓、莊、閔、僖，高祖曾祖時事也。異辭者，見恩有厚薄，義有深淺，時恩衰義缺，將以理人倫，序人類，因制治亂之法。故於所見之世，恩己與父之臣尤深，大夫卒，有罪無罪，皆日錄之，丙申，季孫隱如卒，是也。於所聞之世，王父之臣，恩少殺，大夫卒，無罪者日錄，有罪者不日，略之，叔孫得臣卒，是也。於所傳聞之世，高祖曾祖之臣恩淺，大夫卒，有罪無罪，皆不日略之也，公子益師（無罪而不日）無駭卒，（有罪而不日）是也。於所傳聞之世，見治起於衰亂之中，用心尚麤觕，故內其國而外諸夏，先詳內而後治外，錄大略小，內小惡書，外小惡不書，大國有大夫，小國略稱人，內離會書，外離會不書，是也。於所聞之世，見治升平，內諸夏而外夷狄，書外離會，小國有大夫，宣十一年秋，晉侯會狄於攢函；襄二十三年夏，邾婁鼻我來奔，是也。至所見之世，著治大平，夷狄進至於爵，天下遠近小大若一，用心尤深而詳，故崇仁義，譏二名，晉魏曼多，仲孫何忌，是也。

意謂公羊傳對於春秋十二公二百四十二年間之事之書法，全以孔子見，聞，傳聞之三時代爲標準，雖同一事件，而書辭各異。至於「異辭」之理由，則因君臣之恩義，依孔子之見、聞、傳聞三時代之關係，有厚薄深淺之分，故記錄有詳有略，異辭之意義如是。

何休此種解釋，得當與否？姑且不論。但「公羊學派」以此「三世異辭」之說，一轉而看作社會進步之過程，誠屬創見，其根本思想亦在此點。「公羊學家」以爲孔子「傳聞之世」（孔子之高祖曾祖時代）是「據亂之世」，所聞之世（祖父時代）是「升平之世」，「所見之世」是「太平之世」，而所以爲「太平」之故，則是因孔子出世而然。此外更加入「不異內外」之說，以發揮大同之精神。是蓋根據於何休之說，以爲在據亂之世內其國而外諸夏，升平之世內諸夏而外夷狄，太平之世則夷狄進於爵，夷夏合一，天下行一統之治，萬民享平等之樂，此爲孔子之社會觀，理想觀，孔子一生，以此太平大同之精神爲始終，且本此以從事於教化。蓋孔子之社會進步之法式，是由近而遠，由親而疏，遠近親疏之過程，卽其社會觀所由形成者也。

原來公羊傳中，「春秋內其國而外諸夏，內諸夏而外夷狄」之言，其意不過是說春秋之書法，有此二種，與「公羊學派」之「三世說」，初無關係，要之此說類似漢世讖緯家言，不免牽强附會。例如傳聞之世，雖確是「據亂之世」，然有齊桓晉文之翼戴周室，較勝於所聞所見之世，所見所聞之世，決不是升平，亂臣賊子，且多於前所見之世，更不能說是「太平」一內外統夷夏之事實，在昭定哀時，決不能發見，苟一讀春秋，卽知此言之無據也。

(三)絀周王魯　見上第一節「公羊學派之淵源」內。

(四)西狩獲麟　公羊傳說：「麟，仁獸也；有王者則至，無王者則不至，有以告者，曰有麕而角者。孔子曰：孰爲來哉！孰爲來哉！反袂拭面涕沾袍。」在公羊高之意，孔子此言，是歎周室衰微之意，向來治經者，亦皆如此解釋。但公羊學家，則謂「世無王者而麟出現，是希望王者出現之意。」何休且謂「孔子預知漢之代秦，又知有六國之亂，及秦楚驅除之禍，民之罹害者久而泣也。」其專爲漢朝立說，及囿於當時預言之思想，殆可不煩言而解。

(五)受命改制　此是說孔子雖不得在王者之位而行政事，但以素王自任。傳中「隱公元年春王正月」之王，卽指文德之王，(孔子)而言。「西狩獲麟」之記事，則指孔子預知後世漢朝之當興，於是預爲之制法。論語爲政篇中子張與孔子之問答，及衞靈公篇中顏淵問爲邦二條，公羊家引以爲證，謂爲微言大旨。然此解釋之牽强附會，亦自不待說。子張問十世可知也？孔子曰：「殷因於夏禮，所損益可知也；周因於殷禮，所損益可知也；其或繼周者，雖百世可知也。」孔子此言，是說易姓革命之事不可免，但小處可以損益，倫理綱常之大旨則初不可動；固無革命及改革制度之意。「公羊學派」則始終取孔子之言，從抽象方面，認作孔子之微言大旨，以爲孔子是素王，是預言者，是共和革新主義之人。又說孔子不僅於春秋說改制，即論語禮記之記事中亦改過周禮，依殷禮。可見孔子不僅創理論的改制說，即實行之精神，亦如是也。

（六）春秋大九世之仇　此思想在清末革命，揭興漢排滿之大旆，有絕大影響。其來由則出於莊公四年齊襄公吞滅紀國一條。此條在經文中書「紀侯大去其國，」於齊未說滅，於紀未說奔。於是左傳解之爲「紀爲齊附庸，而奉其社稷，故不曰滅；不見迫逐，故不曰奔；大去，不返之辭也。」公羊傳則解之曰：「紀侯大去其國大去者滅也；孰滅之？齊滅之。曷爲不言齊滅之？爲襄公諱也；春秋爲賢者諱。」至於襄公何以得稱賢？則因其九世祖哀公曾被紀侯之先祖進讒言，見殺於周。襄公此次滅紀，因爲復九世之仇之故。故孔子於春秋不書滅，寓贊美襄公之意。謂此種復仇，正是春秋之大義，於是與漢排滿，恰好借題發揮，揭爲標幟，士氣大爲鼓舞，結果遂使清朝退位，革命成功。此思想與其所主張「孔子大同主義」之精神，當根本不相容。今民國要以五族四萬萬同胞組織之，此思想當然不能適用而消滅矣。

以上是「公羊學派」之大略。大概是推衍孔子「仁」之精神，將自來無人注意之漢族民主大同之說，盡量發揮之。然在學理上，理論與材料，未能十分精鍊；主觀的獨斷，與讖緯的强辨極多。若加以科學的精密分析，則其說立見破綻。然此派主張之結果，孔子之眞精神提出不少。數千年來，孔子完全爲專制君主所利用，「孔學」變成帝王萬世之方便，現在則面目一新，表現出孔子之全體，並顯出孔子確爲世界的偉人，當是此派之大功。

第三節　康有爲

一　略傳及著書

公羊學漸次發展，經王闓運廖平至於康有為時，其思想次第實際化。有為想取孔子大同主義之精神精密而實證之，於公羊傳外，更摭拾禮記孟子論語中之文，以求充實。謂孔子是懷抱太平大同理想之世界偉人，其在世時，未能實行其改革，因彼是素王手無實權之故。否則必早已斷行社會革命可無疑義。繼孔子之正統，具述民主共和之精神者，無過於孟子。孟子書中，以民賊、獨夫、授田分產諸義，發揮大同之精神；至於荀子，則嚴君臣上下之分，要為小儒之魁。然孟子民主的言論，或有感於當時君主之自利主義而發；康氏一派，則利用之以為變法自強社會革命之理想，欲籍此出於直接行動。其弟子陳千秋梁啟超等，則又取最足表現孟子之精神者，如黃宗羲之明夷待訪錄秘密翻印，鼓動天下。後與唐才常等，舉義旗於武漢，雖遭失敗；實為後來革命之導火線。

公羊學派諸子之目的，既利用此學為鼓吹社會革命之手段，故其學理，不甚充分，且多偏於主觀。如欲求永遠之價值，則斯學尚宜加以整理方可。

康有為，字廣夏，號長素，廣東南海人，清文宗咸豐八年（紀元一八五八）生，民國十六年歿。（紀元一九二七）初生時，清室已漸陵夷，綿延十五年之太平天國戰爭，雖幸得歸平定而生靈之塗炭，財產之損失，則已不可勝數。此戰事平定時，有爲方七歲，歐洲列强之壓迫，日漸緊急；既生於此時代，加以廣東南海地方，早與外人接觸，人民又富於進取心，康氏在此環境中，自有特殊之表見。

康氏早注目及於西歐之文明。當時歐洲宣教師所譯政治法律方面之書，既有玩讀之機會，因此爲棹進世界潮流之第一人。又抱非凡之文才，及明快暢達之筆，披瀝此種新思想，能使毫無遺憾，天下人心，宜乎大爲所鼓舞。

且論列時事，極其痛快。光緒十五年，（紀元一八八九）年三十一，以諸生伏闕上書，聳動天下。其時清廷頑固保守，以其改革案爲書生之囈語。康氏於是悄然歸故里，開萬木草堂學塾，以熏陶學生爲事。弟子中如陳千秋、梁啟超等，皆有才幹文章見識，咸卓出，於是漸爲世人所注目。不久中日戰事又發生，一敗塗地，舉國失色，而有爲之先見，乃成事實。於是二次上書，有名之「變法自強策」，即是此次所作。（前後六次上書，稱爲公車上書，但此第二次之上書，最爲重大。）

因康氏之上書，光緒帝及左右之進步派，始認其變法自強策爲重要。光緒二十四年，又值德人占領膠州灣，瓜分之勢且成。於是帝召見之，詢以天下大計及變法策。康氏感帝之知遇，慷慨以天下自任。惜其謀爲袁世凱所洩，入於西太后之耳，保守派復從而擠之，於是全歸失敗。帝被幽於瀛台，康氏僅以身免，逃至日本。彼之政治的生命，從此終了，而經國之精神，反因此傳播，全國有志之士，皆認革新之必要。康氏雖抱太平大同之理想，而於現代則認爲小康之世，尚不可倡大同；苟早倡之，上下必至於紛亂，不可收拾。彼之見解如此，故於「張三世」之解釋，與其他「公羊學派」亦稍有不同。其言曰：「凡世有進化，仁有軌道，世之仁有大小，卽軌道大小，未至其時，不可強爲，孔子非不欲在據亂之世，遽行平等大同戒殺之義，而實不能強也。可行者，乃謂之道，故立此三等，以待世之進化焉。一世之中又有三世；據亂之中有太平，太平之中有據亂；如僅識族制親親，據亂之據亂也；內其國，則據亂之太平矣；中國夷狄如一，太平之據亂也；衆生若一，太平之太平也。一世之中有三世，故可推爲九世，又可推爲八十一世，以至無窮。」（孟子微卷一）康氏蓋以社會進化之過程，由三世而九世，由九世而八十一世，以進展至於無窮。於其間不容時間之飛躍，躐等之改革。此點與急進派梁譚諸子，大異其趣。然其主張，如梁氏評爲「性格奇矯立言矛盾」所致，則亦不盡然。彼之意要爲現代是小康之世，虛器不妨與淸朝，止求能行民本的立憲政治可矣。

所著書有新學僞經考十四卷，孟子微二卷，春秋筆削大義微言考十六卷，孔子改制考二十一卷。其他未刊書中尙有春秋公羊傳注大同書孟子大義述等。

二　社會進化論

聞康氏初學於朱九江，好讀周禮。後見廖平之著作，始着手硏究公羊之大同學。廖平四川井研人，爲王闓運之弟子，其關於今文學方面之著述甚富，有四益館經學叢書行於世。

新學僞經考，春秋筆削大義微言考，孟子微等，是表見康氏學說基礎之書，又是彼整理舊學之作。而大同書，則爲彼之創說，是代表康氏建設方面之作，所以闡明其理想者也。

康氏敍其僞經考之表題曰：

夫古學所以得名者，以諸經之出於孔壁，寫以古文也。夫孔壁旣虛，古文亦贋僞而已矣，何古之云？後漢之時，學分古今，旣託於孔壁，自以古爲尊，此劉歆所以售其欺僞者也。今罪人斯得，舊案肅清，必也正名，無使亂實。歆旣飾經佐篡，身爲新臣，則經爲新學，名義之正，復何辭焉。（僞經考卷一）

康氏以如此抱負，乃作「秦漢六經未嘗亡缺考」以下十四篇，以堂堂正正之詞，證明西漢末劉歆力爭而立博士官之周禮，逸禮，左傳及詩毛傳爲僞書，每篇附以案語，加以批判。撮其要點，則謂「秦之焚書，未及六經，漢十四博士之所傳，皆孔門足本，曾無殘缺。西漢之經學，初無古文，其文字均是秦漢通用之篆書，故經初無今古文之別。但古文學則以蝌蚪字書之，其僞自足證明。劉歆爲彌縫自己作僞之跡，於校理秘書時，曾羼亂一切古書，欲以湮沒孔子微言大義之旨，所以絕不足取。」並用該博之考證，以樹立其說。（此說未免過於穿鑿，劉歆當時，或是得一種善本，因欲取信於人，故託名爲古學，此是漢人常用之法）然不拘泥於向來考證家注意一言一句及文章之末節，務擴其眼界，以取得儒教之眞精神。故其立說，已超越於考證之外形問題，求得內容的根本所在，此功亦不可歿也。

著此書時，其高弟陳千秋梁啟超等，曾涉躐過考證學之人，亦參預之。諸子於書中引例，頗想取一切曖昧之史實，刪削之，然康氏主觀極强，不採用諸子之意見而博引讖緯家之言，遂犯考證學之大忌，價值因之減損。（梁氏有此說）

繼僞經考而出版者，是孔子改制考。此書證明孔子以素王之身，行改制之事實。關於此點，在六經中獨尊易經與春秋，謂孔子之微言大旨全在此二書。前者是靈界之書，後者是人界之書，所謂至廣大而盡精微，極高明而道中庸者。春秋尤爲孔子所立之憲法案，孔子蓋自立一宗，依其理想，進退古人，取捨古籍，決非如後人所想像，僅爲編述之作。例如堯舜之盛德大業，是孔子理想上之人格；若眞有堯舜其人，其人格決不如經典所載之完全，要爲孔子之理想化；如老子之託於黃帝，墨子之託於大禹，許行之託於神農，皆各人擬一理想人物，託諸古人，以立其學說者也。蓋孔子亦沿古來之風習，託堯舜爲名以行其改制之實者。上古茫昧無稽考，周末諸子幷創教考諸子創教改制考等二十篇中，盡力證明此說。謂孔子爲改革者，改制者之一流人，較一般公羊學者，專從抽象方面尋線索者，根據大爲確實。又稱孔子改制之精神，是「上掩百世下掩百世」社會進步之鐵案。且演繹「張三世」說，以爲人類進步之過程，愈改革則愈進化。既證明此原則，因取夏、殷、周三代不同之制度細加考證，而結論其所以不同之理由，要因於時代而然。又說時代進化之過程，雖是循環的；但立於時世之某過程上，爲進化動機所迫促，無論如何，不能免於改革；據以上之學理，彼之政治社會之改革案，遂完全確立。其結果尊孔子爲「素王」「爲教主」，且欲以其大同之精神，統一國民精神，以期社會革新之實現。彼以孔子爲宗教上之教主，雜引讖緯之言，以實證其說；孔子至此，遂成爲神秘化矣。

以上是康氏學說之基礎方面，由此基礎創出之社會觀，則爲大同書。

大同書是康氏從學於朱次琦，畢業之後，獨居西樵山兩年，專研公羊，冥心思索，依其旨義，而創造之新學說。即以春秋「三世說」嵌入禮記禮運篇之「天道說」

中，引伸其義而成。以公羊說之「升平世」配禮運篇之「小康，」公羊說之「太平世，」配禮運篇之「大同，」至於禮運篇之大道大同說如下：

大道之行也，天下爲公，選賢與能，講信修睦。故人不獨親其親，不獨子其子，使老有所終，壯有所用，幼有所長，矜寡孤獨廢疾者，皆有所養，男有分，女有歸。貨惡其棄於地也，不必藏於己；力惡其不出於身也，不必爲己。是故謀閉而不興，盜竊亂賊而不作，故外戶而不閉，是謂大同。今大道既隱，天下爲家；各親其親，各子其子；貨力爲己；大人世及以爲禮。城郭溝池以爲固，禮義以爲紀：以正君臣，以篤父子，以睦兄弟，以和夫婦；以設制度，以立田里；以賢勇知，以功爲己。故謀用是作，而兵由此起。禹湯文武成王周公，由此其選也；此六君子者，未有不謹於禮者也；以著其義，以考其信，著有過，刑（同型）仁講讓，示民有常。如有不由此者，在埶（同勢）者去，衆以爲殃。是謂小康。（禮記卷九）

讀此記事，可以知太古之世，別無所謂私有財產，因而無彼我區別，所以爲「大同之世」。至禹湯文武成王周公六君子時，始設彼我之差別，立財產私有之制，而制之以禮。故仁讓義信，非常重要，不由此道，雖帝王亦應去位，以免衆人之殃；此時代則稱爲「小康之世」。至於孔子之理想，則在「大同太平之世」。如現代所謂民治主義，兒童公育，老病保險諸問題，以及勞動神聖，共產主義，無政府主義等之萌芽，皆含藏於其中。而康氏則更引公羊之「三世說」以作解釋，以爲正君臣父子之別，嚴夫婦長幼之序，是孔子之小乘方面，而大同之世，則其大乘方面；其精神，其理想，其教義，全在於此。

於是發揮孔子大同之精神，而定社會改造之方法手段，其綱目如次：

一　無國家，全世界分若干區域，而置一總政府。

二　總政府及區政府，皆由民選。

三　無家族，男女同棲，不得逾一年，屆期須易人。

四　婦女姙娠時，入胎敎院，產兒入育嬰院。

五　按兒童之年齡，入蒙養院，以及各級學校。

六　成年後，依政府之指派，分任農工等生產事業。

七　有病則入養病院，老則入養老院。

八　各區胎教、育嬰、蒙養、養病、養老、諸院，設備皆期於最完全，使入其中者，皆享最高之娛樂。

九　成年男女，須若干年間，服役於此諸院，恰如現在世界各國之壯丁，皆當服兵役一樣。

十　設公共宿舍，公共食堂，其中又設等級，使各按勞作所入，自由享用。

十一　以最嚴之刑罰，警戒懶惰。

十二　有學術上之新發明，或在上五院中有特別勞績之人，得受殊賞。

十三　死則火葬，火葬場之附近，則設肥料工廠。（據梁啟超著清代學術概論）

大同書之梗概如是，全書數十萬言，於人生苦樂之根源，善惡之標準，說得至爲詳密。梁氏又說，此書最大關鍵，是廢滅國家制度，家族制度，及撤廢私有財產，而以相互扶助，一視同仁爲精神，所以說「佛法出家，求脫苦也，然不如無家之可出」又曰：

「私有財產爭亂之源也；無家族，誰復樂於私產？而國家則又必隨家族而消滅者也。」康氏之主張與理想如是內容雖與現代共產主義所言不甚相殊。然三十餘年前，中國尙未發生此種思想；康氏此書爲融合儒道墨三家之漢代學者之著作，其創造力眞可謂豐富者已。

三　結論

康氏極端擴張孔子之仁道，其結果使孔子之社會觀，變成世界的。自來小儒之偏見，被其訂正之處甚多。但是闡明孔子之理想時，資料取捨上，有「雖羅愆誤亦所不辭」之嫌。彼取之於傳文，取之於後人雜纂之禮記，又取漢代思想特產之讖緯學，其舛駁之處，難免人之評議。例如禮記之「禮運篇」之大同說，明是漢代學者所爲，綜合老儒墨三家思想而成。孔子之思想，全表現於論語之中，常夢周公而不忘，歎美其政事。乃康氏不之取，反以孔子爲去禮儀，捨人爲，愛平等；說太平道之人。謂其是創說，自是另一問題；否則史實昭然，其說不甚可信。據吾人所見，禮運篇大同之精神，當是依據老子「無爲之治」及墨子「兼愛」之說而成者，從墨子書中引一條以爲例，當可以明白。

昔文王之治西土，若日若月，乍光於四方於西土，不爲大國侮小國，不爲衆庶侮鰥寡，不爲暴勢奪穡人黍稷狗彘。天屑臨文王慈，是以老而無子者，有所得終其壽；連（同鰥）獨無兄弟者，有所雜於人生之間；少失其父母者，有所放依而長。（兼愛中篇）

墨子借文王之事蹟，述其兼愛思想如是；則禮運一篇，是同一系統之思想。以此爲孔子之本來面目，康氏之强辨，在所不免。要之康氏富於獨創，其立言則流於獨斷與附會，是其缺點也。

第四節　譚嗣同

一　略傳及著書

與康梁諸子，同唱變法改制之說，勇往邁進，聳動天下，且以身殉其主義者，厥維譚瀏陽。其生如流星，其死甚壯烈，天下志士爲所鼓舞，革命之大業，被其播種。

譚嗣同，字復生，號壯飛，湖南瀏陽人。生於清穆宗同治四年。（紀元一八六五）父繼洵，湖北巡撫，母徐夫人。復生十二歲，卽喪母，爲父妾所苦，幼時備嘗艱辛；然已倜儻有大志，徧涉羣籍，以窮其理；又擅文才，且好任俠，喜劍術。弱冠從軍新疆，參巡撫劉錦棠幕府，劉大奇其才。其後十年間，往來於直隸甘肅新疆陝西河南湖南江蘇安徽浙江臺灣諸地，徧交名士，見聞益廣。光緒二十一年，三十一歲，訪康南海於北平，以南海歸廣東，不遇，因見梁啟超，得聞南海講學宗旨及經世之條理，大爲傾倒。翌年依父命，就候補知府職，利其閒暇，學佛學於金陵居士楊文會，更大受佛教之影響。已而應湖南巡撫陳寶箴之招，至長沙。時正創辦時務學堂，以梁氏主講席，彼參與其間，與同志黃遵憲，熊希齡，唐才常等，設「南學會」。講習之餘，論究新政，且遠及世界各國大勢，三湘士風，爲之一變。洞庭湖畔，湧起一種澎湃之愛國精神，如李柄寰，林圭，范源廉，蔡鍔等，皆時務學堂高才生也。光緒二十四年，帝有革新以定國是之意，召之，遂參新政。然其謀不成，袁世凱外和內叛，帝囚瀛臺，南海逃於日本，復生慷慨決心，以爲改革必流血，流血者請自我始，遂從容就義，臨刑神色自若。著有仁學二卷，文集三卷，詩集一卷，爭議二卷，收在全集中。仁學則爲其根本思想所在。

二　學說

從年譜及其他記事推察之，仁學當是彼三十三歲至三十四歲，在長沙時所著。仁學之內容，則在卷首仁學界說二十七則內說明之。仁是心之體，其本質至善，寂然不動，感而遂通天下之故。仁卽是良心，其所本爲天理天道，所以生滅俱爲平等。

彼以此仁心爲根據，一切社會人類政治道德宗教諸問題，概包含於仁學之下。而於孔子之大同精神，佛耶之慈悲博愛，孟子之君民對立，莊子之絕對自由，乃至法蘭西之大革命精神，胥認爲仁心之體現；而與此精神相背者，卽爲異端爲邪說。

其論政治，則謂「君統盛，唐虞之後無可觀之政；孔敎亡，三代之下無可讀之書。」（仁學下）而於黃宗羲之明夷待訪錄，及王船山之遺書，則以爲近於孔子之意。因爲黃之思想，淵源於陸王，王之思想，淵源於周張；而陸王周張，皆出於孟子之學系也。至於程朱及顧炎武之流，乃出荀子之學系，惟知以君權爲重之俗儒，鄙不足道。論及君主問題，則曰：

生民之初，本無所謂君臣，則皆民也；民不能相治，亦不暇治，於是共舉一人爲君。夫曰共舉之，則非君擇民，而民擇君也；夫曰共舉之，則其分際又非甚遠於民，而不下儕於民也；夫曰共舉之，則因有民而後有君，君末也，民本也；天下無有因末而累及本者，亦豈可因君而累及民哉！夫曰共舉之，則且必可共廢之；君也者，爲民辦事者也；臣也者，助辦民事者也。（仁學下）

譚氏用民主思想，取古來君民關係顚倒之原因，說得非常詳細，認君權之擴張，全由於歷史的因襲，及曲學小儒，阿附君主之結果。歷代之君主，俱是絞民之膏血，竭天下之財物，淫殺天下之美女之獨夫；而所謂忠臣者，則爲助此種桀紂爲虐之鼠輩。然世人猶引爲尊貴，用作名教之南針，其愚誠不可及。其中更涉及滿洲朝廷，謂其地爲穢土，其人爲羶種，其俗爲胡風；除以武力蹂躪中原之文化外，實毫無何等能力之蠻民。而我華人，對於此種蠻族君主，猶跪拜叩頭，盡天下之產，以供其用，而養成其淫殺昏暴，果爲何事？如此否定君臣之關係，更以民主共和之政治，爲天意天命之所存。政治之原理與精神，要當立脚於萬人相互平等之上，以圖其共榮共存。此是彼之社會觀，亦卽其學說之根本。

其次以人類平等愛之精神，批判五倫之內容。謂義、親、別、序之四倫，乃違反乎平等愛之精神；此四種道德之發生，是强者長者，爲一己之自利上所揑造之倫道，用以壓迫弱者幼者。故欲立眞合天意之純粹道德，當離於自利而出於無私的動機方可。蓋利害關係，是相對的，徒恃君父長貴，以壓迫臣子幼賤，以遂其非之道德，此不足云道德。故孔子亦謂「君君臣臣，父父子子，」正是說相對主義之倫道。佛耶兩聖，其成道之第一步工夫，首在取此自利的四倫破棄之。三聖所共尊之倫道，止有朋友之一倫；此一倫是萬人共通不可不行之大道。（仁學下）

此是彼道德論之根本，從彼之人心爲仁，人性爲善之思想所發生。

如此又一轉而及於人種國際之問題，則云：歐西白人，僅賴科學一日之長，對於異種，始終逞其鴟梟之欲，虐使其民，以爲當然。此不過囿於個人的差別觀上之利已心，不知人類平等愛之眞理之所致。故本於吾人純眞之思想，不可不力闢外人之物質的利己的迷心，而併採東西文化之長，致萬國於平等之太平。此偉大之思想，即仁學之根本精神也。

三　結論

譚氏之本領，本在政治思索方面，是其餘力所及，此實時勢有以造成之，而其天才，則確是富有思想之人也。彼初好物理學數學等，繼則受種種思想之影響，而尚未達純熟之域，故立論不免駁雜。但在彼之時代，以彼之年齡，即能直觀東西人種之長短，且圖東西思想之融合，其慧眼及直覺力之強，眞可驚歎。倘能卒其天年，其發展當未可限量。

第五節　梁啟超

一　略傳及著書

梁啟超字卓如，號任公，廣東新會人。生於清穆宗同治十二年，（紀元一八七三）父名寶瑛，布衣教授終身。啟超四五歲時，母氏即授以四子書及詩經。六歲，父教之，即畢五經。九歲能作文，援筆千言立就。十二歲，補縣學生，而父教督極嚴，一言一動，不少假借，常斥之曰：「汝自視乃如常兒乎！」啟超終身誦之。後入廣州學海堂，治戴，段二王之學。十七歲，鄉試中式。主考李瑞芬，詫爲奇才，以其女弟妻之。翌年，康有爲以布衣上書不納，歸里，開萬木草堂。啟超因陳千秋往謁之，一見大服，遂執弟子禮，從學三年。光緒二十年，甲午，中日戰起，我國海陸軍皆敗。時啟超客北平，與當時知名之士，提倡變法自强。既而康有爲在北平創强學會，啟超任會中書記。會事中輟，乃赴上海，主撰時務報，著變法通議，刋布報端，持論鋒銳暢達，喚起國人之注意。丁酉，至湖南，主時務學堂講席，以民權論教諸生，多所成就，武則蔡鍔，文則范源廉，其尤著也。戊戌，侍郎徐致靖疏薦啟超才可大用。德宗召見之，命辦大學堂譯書局事務。時德宗銳志維新，信用康有爲，啟超與譚嗣同楊深秀康廣仁林旭楊銳劉光第等，均以京卿，參預政務。下令變法，天下耳目一新。在朝頑舊大臣，反對極烈，密奏於西太后，遂興大獄，譚嗣同等六人，皆被殺，所謂戊戌六君子也。康有爲得英人保護，獲免。啟超乘大島兵艦，遁日本。自是居東凡十四年，仍辦雜誌，宣揚變法革新之主張，先後揭載於清議，新民國風，新小說諸報，及新大陸遊記，國內人士，皆靡然嚮風焉。迨民國成立三年，熊希齡組閣，啟超任司法總長，旋改幣制局總裁。迨袁氏謀稱帝，啟超著異哉所謂國體問題者一文，正擬發布，袁氏知之，使人以十萬金爲其父壽，乞取消是文；啟超拒之；因與蔡鍔密籌倒袁之策。鍔潛返雲南，舉討袁義旗。啟超則至兩粵，輔佐陸榮廷，宣告獨立。袁氏遂飲恨以死。此所謂護國之役也。六年，段祺瑞組閣，啟超任財政總長。時歐戰方殷，啟超主張加入協約國，對德奧宣戰，改進我國國際地位。歐戰告終，啟超出遊歐洲，所至以中國歷來受强鄰壓迫情狀，訴諸世界輿論，著歐遊心影錄記其事。九年，歸國。遂不復與聞國政，專以著述講學爲事；任清華學校研究院導師，有終焉之志。曾患便血症，歷久而劇，猶扶病著書不輟。十八年，（紀元一九二九）一月，病歿於北平協和醫院。年五十有六。所著書，中年類多報章言論，故前後不免矛盾；啟超亦自言今日之我，與昨日之我挑戰，蓋言論隨時勢爲轉移，不足怪也。此等文字輯錄爲飲冰室文集晚年所著，乃純粹爲研究學術之書，有墨子學案，墨經校釋，清代學術概論，先秦政治思想史，歷史研究法，廣歷史研究法，中國近三百年學術史，漢書藝文志諸子略考釋，古書眞僞及年代，朱舜水年譜，辛稼軒年譜，桃花扇傳奇考證等。

二　人生觀

梁氏身經患難，逋逃海外，然生平常抱樂觀，絕對不作消極態度。迨臥病將死，猶强起側坐草成辛稼軒年譜。此其人生觀之透切，實梁氏一生大受用處，亦其學問事功之出發點也。梁氏嘗云：

我見我國若全世界過去之聖哲，皆有其不死者存；我見我國若全世界過去之豪傑，皆有其不死者存；我見我國若全世界過去億兆京垓無量數不可思議之人類，無論智愚賢不肖，皆有其不死者存。……無論爲宗教家，爲哲理家，爲實行教育家，其持論無論若何差異，而其究竟必有相同之點，曰：「人死而有不死者存」，是已。此不死之物，或名之爲靈魂，或不名之爲靈魂，或語其一局部，或語其全體，實則所指同而所名不同，或所證同而所修不同，此辯爭之所由起也。吾今欲假名此物，不舉其局義而舉其徧義，故不名曰靈魂而名曰精神；精神之界說明，然後死學可得而講也。（飲冰室文集卷四十四余之生死觀）

由上數語觀之，梁氏之人生觀已可得其梗概。彼蓋深信人生雖幻，而人死而有不死之精神存在，故一生奮鬪至死不倦，皆以此思想爲基礎。此不死之精神狀態究如何？梁氏又云：

佛說以爲一切衆生，自無始來，有「眞如」「無明」之二種性，在於識藏。而此無明，相熏相習，其業力總體，演爲器世間，是即世界也。其個體演爲有情世間，即人類及其他六道衆生也。以今義釋之；則全世界者，全世界人類心理所造成；一社會者，一社會人之心理所造成；個人者，又個人之心理所造成也。佛說一切萬象，悉皆無常，刹那生滅，去而不留；獨於其中有一物焉，因果連續，一能生他，他復生一，前波後波，相續不斷，而此一物，名曰羯磨。（譯名，其義爲作業）……於是乎有因果之律，謂凡造一業，必食其報，無所逃避。人之肉身，所含原質，一死之後，還歸四大，固無論已；就其生前，亦既刻刻變易，如川逝水，今日之我，已非故吾，方見為新，交臂已故。……故夫一生數十年間，至幻無常，無可留戀，無可寶貴，其事甚明。而我現在所有行為，此行為者，語其現象，雖復乍起卽滅，若無所留，而其性格，常住不滅，因果相續，為我一身及我同類將來生活一切基礎。……是故今日我輩一舉一動，一言一語，一感一想，而其影象，直刻入此羯磨總體之中，永不消滅。將來我身及我同類，受其影響而食其報。（同上）

又云：我之軀殼，共知必死，且歲月日時，刹那刹那，夫既已死，而我乃從而寶貴之，罄吾心力以為彼謀，愚之愚也。譬之罄吾財產之總額，以莊嚴輪奐一宿之逆旅，愚之愚也。我所莊嚴者，當在吾本家；逆旅者何？軀殼是已；本家者何？精神是已。……夫使在精神與軀殼可以兩全之時也，則無取夫戕之；固也，而所以養之者，其輕重大小，既當嚴辨焉。若夫不能兩全之時，則寧死其可死者，而毋死其不可死者。死其不可死者，名曰心死。君子曰哀莫大於心死。（同上）

是知梁氏所謂精神不死，實深有得於佛家之教，故能出入生死，而處之泰然。然梁氏雖沈浸於佛說，而於佛敎出世之意味，則不受絲毫影響，而純然爲入世主義之學者也。至其所以能取佛氏出世之說，而構成入世的人生觀，根本上固然是承受儒家之實用主義，然亦受西洋學說之影響而然。茲引其評德儒菲斯的人生天職論（飲冰室文集卷五十二）之語如下：

吾身曷爲而生於天地間耶？吾俛焉孳孳，蚤作夜思，以度此數十寒暑，果何所求而何所得耶？此大疑問者，吾儕蓋久已習焉忘之；雖然，此安可忘者。……此一疑問，實千萬年來人類公共未能解決之最大疑問也。……菲斯的之人生天職論，即思所以解決此問題；其解決之必爲正當與否？吾不敢言，吾信其可以供吾儕之受用而已。……孔子曰：「古之學者爲己，」自來解釋此語者，言人人殊，而菲斯的之說，實能發明之。菲氏謂：吾儕欲自知其天職之所在，則有一義焉，首當確信者，曰：我曷爲生？我爲我而生；我曷得存？我爲我而存；我曷爲勤動？我爲我而勤動；故人類一切責任，更無所謂對世責任，所有者唯對我責任而已。所謂我者，有理性之我，有感覺之我，理性爲人類所獨有，感覺則與其他生物同之，故得名爲眞我者，唯此理性而已。……故自理性一面言之，其本質誠圓融無礙；就感覺一面言之，則緣受外界種種影響，恆複雜矛盾而不相容；而人類既以有理性爲其特徵，是宜勿以感覺之我，滅理性之我。……以我之良知，別擇事理，以我之良能，決定行爲。……若是謂之自由意志，謂之獨立精神，一切道德律，皆導源於是。我對於我之責任，任此而已。

梁氏評論之云：「非氏所說，與中外諸古哲之教，若無甚異同；而其最鞭辟近裏之點，則一曰尊我，二曰體物。蓋諸哲言道德之本原，多謂有超乎人類以外者，以爲之宰，或稱天命，或明自然。……而非氏之意，則謂卽我卽天，惟我宜宰制自然，而自然不能宰制我，此其鞭辟人類自重自覺之精神，至有力也。諸哲言修養者，恆以扞物欲爲入手之條件；非氏雖亦不廢斯義，然其意以爲物欲之利害參半，與其言扞制，毋寧言利用，毋寧言調和；故其爲道，既不流於縱，亦不失於觳，此其特徵也。前哲言修養者，多以主靜立極爲根本義，我國宋元以後儒者，益暢斯旨；蓋以靜爲吾性之本體，而動乃其病態，樂記所謂人生而靜，天之性也；感於物而動，性之欲也。非氏之說，則謂性乃生物而非死物，故以生生蕃動，爲其本來，與大易行健不息，中庸至誠無息之義相契；故其所標道德律絕對持進取主義，而不陷於退攖主義，此又其特徵也。」梁氏對於菲氏學說，可謂推崇之至。綜梁氏一生，無時不持進取主義；實與菲氏之說，處處脗合。可見梁氏之人生觀，乃合儒佛之長，而兼承受西方學說者也。

三　社會觀

梁氏受嚴復所譯羣學肄言等書之影響，曾作說羣一文，登載時務報。於個人不能離開人羣而獨立之理，發揮透切；週時頗能喚起國人對於社會之認識。梁氏一生服務社會之熱誠，亦確能言之而能實踐之。嘗云：

「生命分爲兩界，一曰物質界，二曰非物質界；物質界屬於幺匿體，個人自私之；非物質界屬於拓都體，人人公有之。而拓都體復有大小焉；大拓都通於無量數大千世界，小拓都則家家而有之，族族而有之，國國而有之，社會社會而有之。拓都不死，故吾人之生命，其隸屬於最大拓都者固不死，卽隸屬於次大又次大乃

至最小之拓都者皆不死。」……故死者吾輩之個體也；不死者吾輩之羣體也。（余之生死觀飲冰室文集卷四十四）

梁氏認定吾人個體有死，而羣體終不死；我身之在我羣，爲組成羣體之分子；猶之血輪等爲組成我身之分子；血輪必且隨時變遷新陳代謝，以個體之死，期有利於我身；故我身對於我羣，亦應生生滅滅，以個體之死，期有利於我羣，此人類進化之原則也。此其社會觀頗覺眞切；惟其如此吾人對於社會，自有其天則存焉。故又嘗引菲斯的之說云：

凡人必與其同類，營共同生活，此正所以自完其本性之作用，實我對於我之一種義務也。……吾人理性之圓滿實現爲人類最高之理想，但使人人能向此理想以進行，則理想之成爲事實也，自日近。……理想之本質，固萬人同一者也；然其程度，則千差萬別，人人各以自己所懷之理想之程度，以律他人；見他人程度不如我者，恆欲誘而進之，使與我同化；則不知不覺之間，社會自日遷於善，吾儕對於社會之天職，莫此爲大矣。

四　政治觀

梁氏生平所發之議論，關於政治方面者，殆居十之五六，彼之政見，自始卽與革命黨立於反對地位。革命黨主種族革命，彼則主張政治革命；革命黨主共和政體，彼則因人民程度太低，主必先經過開明專制，再進乎君主立憲。當梁氏遁迹日本，辦理新民叢報時，革命黨亦辦民報，雙方論鋒交戰，亘半載而不息，以致國內向日之信仰梁氏者，亦疑梁氏帶有保皇黨臭味，故反對種族革命，反對共和政體，漸次失其信仰；甚或加以唾罵。然梁氏深知國民程度不及，本其研究之學理，始終持論不移。迨辛亥革命告成，彼猶主張虛君共和之制以調劑之。而袁氏稱帝時，梁氏之議論，則以爲君主之招牌，既已投之糞穢，決不可重行豎起，乃積極反對之，可知梁氏之政論，在學理方面，實有見到之處，不能謂爲絕無價値也。其所著開明專制論有云：

中國今日，固號稱專制君主國也；於此而欲易以共和立憲制，則必先以革命，然革命決非能得共和而反以得專制。……故持革命論者，如其假共和立憲之美名，以爲護符，毋寧簡易直捷以號於衆曰：吾欲爲劉邦，吾欲爲朱元璋，則吾猶壯其志，服其膽，而喜其主義之可以一貫也。而必曰共和焉，共和焉，苟非欺人，必其未嘗學問者也。

梁氏更引德人波倫哈克之說，以爲證明。

波氏曰：共和國者，於人民之上，別無獨立之國權者也；故調和各種利害之責任，不得不還求之於人民自己之中。必無使甲之利害，能強壓乙之利害，常克互相平等，而自保其權衡；若此者惟富於自治性質，常肯裁抑黨見以伸公益之國民，始能行之。若夫數百年卵翼於專制政體之人民，既乏自治之習慣，又不識團體之公益，惟知持各人主義，以各營其私；其在此等之國，破此權衡也最易；既破之後，而欲人民以自力調和平復之，必不可得之數也。其極也，社會險象疊出，民無寧歲，終不得不舉其政治上之自由，更委諸一人之手，而自帖耳復爲其奴隸，此則民主專制政體之所由生也。（飲冰室文集卷二十九）

梁氏此論，原文極長，茲不過舉其一節。在今日視之，似其論已極陳舊，不適於時代潮流，然其文中所指國民程度未及格，勉强採用共和制之流弊，民國二十年來，一一見諸事實，若燭照數計，不可謂非先見之明也。卽今日之所謂軍政訓政時期，與開明專制究有何區別？人民之一切自由，又在何處？吾儕非政論家，固不欲多所論列，梁氏所指爲民主專制，抑何其適合也！

五　結論

梁氏之學，雖早年受康有爲之影響，而能融合中外，不偏執一見。康氏則一生是倡孔敎，盡忠淸室。梁氏則否，雖初亦鼓吹孔敎，後見其不合潮流，則不復涉及。戊戌年間，雖與康氏同受淸室知遇，而到日本以後，卽鼓吹政治革命。其後更與康氏異趨。及護國之役，反對袁氏稱帝之文電中，竟有「大言不慚之書生」之語，卽暗指康氏而言。世人或譏其背師，然大節所關，梁氏亦不得不爾。晚年則不談政治，專致力於學術上之供獻，有足多者。惜彼自信可活八十歲，竟不永其年，否則學術上之成績，決不止此，惜哉！

第二編　吸收外來思想之時期

第一章　嚴復

第一節　略傳及著書

嚴復，字又陵，一字幾道，福建閩侯人。生於清咸豐三年。（一八五三）七歲，始就外傅。同治五年，（一八六六）沈寶楨為福建船政大臣，招考子弟入馬江學堂習海軍。嚴復錄取第一名。翌年，遂入堂肄業，時年僅十五歲也。十九歲（一八七一）卒業，考列最優等，派為上海建威帆船練習生。後服務於揚武軍艦，巡歷黃海及日本各口岸。曾至臺灣調查生番與日本漁船啟釁情形。二十三歲，（一八七五）派赴英國肄業，入格林尼次海軍大學。二十七歲卒業歸國，任船政學堂教員。光緒六年，（一八八〇）李鴻章經營北洋海軍，調嚴復至天津，為水師學堂總教習。是時科舉積習甚深，凡中學堂出身者，多爲士大夫所鄙棄。復亦自以不得科舉爲遺憾，竭力攻求八股文，屢赴福建及順天鄉試，然皆不售。

光緒甲午，（一八九四）中日之戰，我國海陸軍皆敗。復深有鑒於我國之貧弱，其根本在於學術，乃專力從事於譯述。先譯成赫胥黎 T Huxley 之天演論。Evolution and Ethics 我國人從未聞此等學說，是書之出，學者耳目一新。復又撰原强救亡決論闢韓諸文，載於天津之直報。厥後更譯成亞丹斯密 Adam Smith 之原富（An Enquiry into the Nature and Causes of ehe Wealth of Nations）及斯賓塞爾（Herbert Spencer）之羣學肄言(Study of Sociology）又在光緒二十三年（一八九七）與同志創辦國聞報於天津。戊戌（一八九八）年，亦被薦入見。德宗問有新著述否？復以擬上皇帝萬言書對；未及進而政變作，遂出都反津國聞報亦停刊。更肆力譯述，成穆勒約翰(John Stuart Mill)之羣己權界論（On Liberty)

光緒二十六年庚子，（一九〇〇）義和拳亂作，復倉皇避難，由津至滬。開始譯穆勒名學。(J. S. Mill A System of Logic)二十七年（一九〇二）京師大學堂開辦；張伯熙爲管學大臣，聘爲編譯局總纂。曾草一文，近五千言，具論中國教育方針，並條擬新教育行政辦法。而甄克思之社會通詮，(E. Jenks History of Politics)亦於是時譯成。光緒三十年，辭編譯局事赴滬。厥後譯成孟德斯鳩法意 (Montesquieu Espirites des Lois) 及耶芳思名學淺說(W. S. Jevons: Logic)光緒三十四年（一九〇八）新設學部，應聘爲審定名詞館總纂。在部三年，直至辛亥革命而止。

民國元年，（一九一二）袁世凱爲總統，聘爲北京大學校長。未久，卽辭職。自後年老多病。至民國九年，（一九二〇）赴福建避冬，氣喘時作。十年，（一九二一）九月，歿於閩垣。年六十九歲。其生平除譯書外，嘗有手批之老子及莊子老子已印行，莊子則未卒業也。

第二節　介紹之學說

嚴氏介紹西哲學說，於我國有重大之影響者，首推天演論。此論爲十九世紀英國哲學家赫胥黎所作，赫氏全集有十二巨冊，其第九冊名進化與倫理，其中之序論本論，卽嚴氏所譯之天演論也。此論譯出以後，於是物競天擇優勝劣敗等思想，深中於全國學人之腦海，至今猶爲人人之口頭禪，可見其影響之大矣。茲約舉其說如下：

天運變矣，而有不變者行乎其中；不變惟何？是名天演。以天演爲體，而其用有二：曰物競，曰天擇；此萬物莫不然，而於有生之類爲尤著。物競者，物爭自存也；以一物與物物爭，或存或亡，而其效歸於天擇。天擇者，物爭焉而獨存，則其存也必有其所以存；必有其所得於天之分，自致一己之能，與其所遭值之時與地，及凡周身以外之物力，有其相謀相劑者焉；夫而後獨免於亡，而足以自立也。而自其效觀之，若是物特爲天之所厚而擇焉以存也者，夫是之謂天擇。（天演論上導言一）

物競天擇之學說，創於英人達爾文。斯賓塞赫胥黎等，亦主此說，而略有不同。斯賓塞主張任天爲治，赫胥黎則主張以人力勝天。其言云：

今者欲治道之有功，非與天爭勝焉，固不可也；法天行者非也，而避天行者亦非。夫曰與天爭勝云者，非謂逆天拂性，而爲不祥不順者也；道在盡物之性，而知所以轉害而爲功。夫自不知者言之，則以藐爾之人，乃欲與造物爭勝，欲取兩間之所有，馴擾駕御之以爲吾利，其不自量力而可閔歎，孰逾此者？然溯太古以迄今茲，人治進程，皆以此所勝之多寡爲殿最。百年來歐洲所以富强稱最者，其故非他，其所勝天行而控制萬物前民用者，方之五洲，與夫前古各國，最多故耳。以已事測將來，吾勝天爲治之說，殆無以易也。（天演論下進化）

其次爲斯賓塞之羣學肄言；嚴氏譯出後，我國始知有所謂社會學，其影響亦至重大。斯賓塞亦英國人，與達爾文同時。其所著書名綜合哲學，共有十卷：一第一原理，二生物學原理；三，心理學原理；四，社會學原理；五，倫理學原理。其第四種，卽嚴氏所譯之羣學肄言也。嚴氏生平，最佩服斯賓塞，稱其書「精闢閎富，爲歐洲自有生民以來無此作也」。可見推崇之極。羣學肄言自序中有云：「其書……飭戒學者，以誠意正心之不易，既已深切著明；而於操枋者一建白措注之間，輒爲之窮事變極末流，使功名之徒，失步變色，俛焉知格物致知之不容已。乃竊念近者吾國以世變之殷，凡吾民前者所造之因，皆將於此食其報；而淺譾剽疾之士，不悟其從來如是之大且久也，輒攘臂疾走，謂以旦暮之更張，而以與勝我抗也；不能得，又搪撞號呼，欲率一世之人，與盲進以爲破壞之事。顧破壞宜矣，而所建設者，又未必其果有合也；則何如稍審重而先咨於學之爲愈乎！」嚴氏蓋有鑒於我國少年新進之士，恃其一知半解，鹵莽滅裂，妄思破壞，以爲可立致國家於富強；故爲斯言，實深中時弊。彼欲以學術救國之心，畢現於是書矣。

斯賓塞是生物學家，故以社會爲有機體，與生物類似，乃生長而成，非人力所能旦夕造成。社會問題，如政治之得失，風俗之厚薄，其前因後果之複雜，極難推究，稍一不愼，則因果顚倒，違於眞理，據此以處置事物，鮮有不敗者。蓋社會學初非如理化學之因果歷然，可由實驗而得也。然世俗之人，往往不察，大睨高談，對於一切問題，輕下判斷。殊不知意見有所偏，感情有所蔽，以及國界種界之桎梏，自身早已陷入於網羅之中，而未嘗自覺，此至可歎也。嚴氏譯此書，以學詖國拘政惑敎僻爲各篇標題，以明社會學之知識，而勸人去私戒偏，以求正當之路；不特反覆闡發斯氏之說，而於國人自私自利之習慣，亦痛下一針砭。

其次嚴氏所注意者爲名學。名學在我國周末時代，發達極早；如荀子之正名篇墨子之經上下經說上下大取小取諸篇，以及惠施公孫龍之堅白同異論，皆與名學有相似之處。自漢以後，此學久已不傳。於是學者治學方法，不能條分縷析，爲有系統之撰述。自科舉盛行，國人更以頭腦籠統爲世詬病久矣。嚴氏之意，以爲革新中國學術，莫要於輸入名學，可謂卓識。其翻譯穆勒約翰之名學，異常審愼。穆勒約翰，英國人，爲經驗主義之哲學家。於論理學（名學）經濟學倫理學，皆稱大家。其論理承培根之思想；以經驗爲認識之源，歸納推理之學，至此大成。嚴氏竭畢生之精力，祇譯成半部。其名學淺說自序有云：「不佞於庚子辛丑壬寅間，曾譯名學半部，經金粟齋刻於金陵，思欲賡續其後半，乃人事卒卒，又老來精神苶短，憚用腦力，而穆勒書深博廣大，非澄思渺慮，無以將事，所以尙未逮也。戊申孟秋，浪迹津沽，有女學生旌德呂氏，諄求授以此學。因取耶芳思之淺說，排日譯示講解，經兩月而成書；」可見嚴氏介紹此學之苦心矣。穆勒著書中，尙有自由論一種，亦經嚴氏翻譯，特避去自由之名詞，而題爲羣己權界論。蓋嚴氏最初亦附於革新派；自戊戌政變，經過挫折，又見激進少年之專事破壞，故其思想乃偏於保守，卽自由之名詞，亦不欲援用之也。

此外嚴氏又譯亞丹斯密之原富以介紹經濟學；譯孟德斯鳩法意，以介紹法律哲學；蓋皆我國所需要之學說也。

嚴氏又以達爾文斯賓塞孟德斯鳩之學說，與老子多相通處，因批點老子而廣其說，此則通東西學說之郵者也。

第三節　結論

自明末至清代，我國與西洋交通；最初輸入者，爲天文，曆算之學；及鴉片戰爭失敗以後，震於西洋之船堅礮利，深信西洋之藝術，越過我國；曾國藩創江南製造局於上海，聘請中外學者，廣事翻譯，大概皆物理，化學及軍事，製造槍礮之書。當時國人一般思想，皆以爲政治，倫理，財政等學問，我國早已完備，遠過西洋，祇取其藝術之長，補我之短，卽足以富强；所以「中學爲體，西學爲用」之說，人人能道之，幾於舉國皆然。自嚴氏所譯之書公世，方打破此迷夢，始知西洋尙有此等驚人之學術也。嚴氏譯書時所有術語，亦皆自造，往往爲一名詞，沈思至累日，方得之，可見其難；因此彼所譯之名詞，有含義過深不合於現在之用者。又嚴氏所譯之書，多高深哲理，往往喜用我國古奧文辭，且有時將西方學說牽附於我國之古義，致失原文本意者，亦不少。在當時一般學者，頗極歡迎，後來能讀西文原書者日多，則頗譏斥嚴氏，故至今嚴氏之書，已不甚流行。嚴氏自謂翻譯須信、雅、達，三者兼備；以今觀嚴氏所譯，則雅字誠當之無愧，達字，信字，則稍有遺憾，此不能爲嚴氏諱，然其蓽路藍縷之功，不可沒也。

第二章　王國維

第一節　略傳及著書

王國維，字靜安，晚號觀堂，浙江海寧人。生於清德宗三年。（一八七七）四歲喪母。七歲始就外傅。十餘歲時，每晚自塾歸，輒發家中藏書，獨自泛覽。十六歲補博士弟子。始讀四史，兼攻駢散文。十八歲，值中日戰爭後，始知世有新學。後羅振玉創農學社於上海，附設東方學社，聘日本人藤田豐八教授日文。國維時年二十二歲，往就學焉。並襄理社中庶務，得免學費而致力於學。二十三歲，始從學社教師日人田岡佐代治讀英文。二十四歲畢業於東方學社。仍努力治英文。二十五歲，留學日本，入東京物理學校，擬專修理科；既而苦幾何學之難治，又病腳氣；逾年卽歸。爲羅振玉編譯農學報及教育世界雜誌，撰述益富。自此始治哲學，能讀社會學、心理學、論理學、哲學等西文原書，參以日文譯本，遂得貫通。偶有心得，撰述爲文，發表於教育世界雜誌。三十歲以後，厭倦哲學而轉治文學。三十五歲後，轉而治古器物學。晚年，以治殷墟書契文，名重中外。後就清華學校研究院之聘。五十一歲時，以世變日亟，自投於頤和園之昆明池而死。（民國十六年，紀元一九二七）海內外學者，知與不知，皆爲痛悼。其遺著凡四集，署曰海寧王忠愨公遺書。

第二節　性說

王氏之論性，以哲學的眼光，批評古來性善性惡之矛盾，頗爲徹底；乃可使幾千年來之聚訟，爲之一息。其言云：

今孟子之言曰：人之性善；荀子之言曰：人之性惡；二者皆互相反對之說也。然皆持之而有故，言之而成理。然則吾人之於人性，固有不可知者在歟？孔子之所以罕言性與命者，固非無故歟？且於人性論中，不但得容反對之說而已，於一人之說中，亦不得不自相矛盾。孟子曰：人之性善，在求其放心而已；然使之放心者誰歟？荀子曰：人之性惡，其善者僞也；然所以能僞者何故歟？……今論人性者之反

對矛盾如此，則性之爲物，固不能不視爲超乎吾人之知識外也。（靜庵文集論性）

王氏之意，以爲吾人對於事物，果能確實知之，則如「二加二爲四」二點之間，只可引一直線，決不能容兩相反對之議論，得以成立；故數學、物理學之所以爲確實之知識者以此。若夫性則不然，反對矛盾之說，均得成立。且聚訟至數千年不決；故斷定性爲超出吾人知識以外，此自來論性者所未見及也。又云：

今夫吾人之所可得而知者，一先天的知識；一後天的知識也。先天的知識，如空間時間之形式，及悟性之範疇，此不待經驗而生；後天的知識，乃經驗上之所以敎我者，凡一切可經驗之物，皆是也。二者之知識，皆有確實性；但前者有普徧性，及必然性，後者則不然，然其確實，則無以異也。今試問性之爲物，果得從先天中或後天中知之乎？先天中所能知者，知識之形式，而不及於知識之材質，而性固一知識之材質也。若謂於後天中知之，則所知者又非性；何則？吾人經驗上所知之性，其受遺傳與外部之影響者不少，則其非性之本來面目，固已久矣。故斷言

之曰：性之爲物，超乎吾人之知識外也。（同上）

王氏是以知識論爲立脚點，而斷言性之爲物，超乎吾人知識之外，固非如古來之論性者，全憑自己之主觀，發爲空泛之議論可比。既已超出吾人知識之外，則古來立論者，反對矛盾，自是必然的結果。故又云：

人性之超乎吾人之知識外，既如斯矣。於是欲論人性者，非馳於空想之域，勢不得不從經驗上推論之。經驗上之所謂性，固非性之本然，苟執經驗上之性以爲性，則必先有善惡二元論起焉。何則？善惡之對立，吾人經驗上之事實也；反對之事實，而非相對之事實也。……惟其爲反對之事實，故善惡二者，不能由其一以說明之；故從經驗上立論，不得盤旋於善惡二元論之胯下。然吾人之知識，必求其說明之統一，而決不以善惡二元論爲滿足也。於是性善論性惡論及超絕的一元論，（卽性無善無不善說）接武而起。夫立於經驗之上以言性，雖所論者非眞性，然尚不至於矛盾也。至超乎經驗以外，而求其說明之統一，則雖反對之說，吾人得持其一，不至自相矛盾不止。何則？超乎經驗以外，吾人固有言論之自

由;然至欲說明經驗上之事實時,則又不得不自圓其說,而復反於二元論。故古今言性之自相矛盾,必然之理也。(同上)

王氏此說,可爲揭破古來論性之病根。故治學者,不必再爲此無謂之爭執,人性論至此,乃可告一結束矣。故云:

> 善惡之相對立,吾人經驗上之事實也。自生民以來,至於今,世界之事變,孰非此善惡二性之爭鬬乎!政治與道德,宗教與哲學,孰非由此而起乎!故世界之宗教,無不著二神之色彩;有愛而祀之者,有畏而祀之者,卽善神與惡神是已。至文明國之宗教,於上帝之外,其不預想惡魔者殆稀也。……夫所謂上帝者,非吾人之善性之寫象乎!所謂魔鬼者,非吾人惡性之小影乎!……夫豈獨宗教而已,歷史之所記述,詩人之所悲歌;又孰非此善惡二性之爭鬬乎!……吾人經驗上,善惡二性對立如此。故由經驗以推論人性者,雖不知與性果有當與否?尙不與經驗相矛盾,故得而持其說也。超絕的一元論,亦務與經驗上之事實相調和,故亦不見有顯著之矛盾。至執性善性惡一元論者,當其就性言性時,以性爲吾人不可

經驗之一物故，故皆得而持其說；然欲以之說明經驗，或應用於修身之事業，則矛盾隨之而起。故余表而出之，使後之學者，勿徒爲此無益之議論也。

第三節　理說

王氏之解釋理字，亦能揭破中外哲學家之理窟，而獨標眞諦。彼以爲吾人對種種之事物，而發見其公共之處，遂抽象之而爲一概念，又從而命之以名；用之既久，遂視此概念爲一特別之事物，而忘其所從出；如理字之概念，卽其一例。吾國語中理字之意義之變化，與西洋理字之意義之變化，若出一轍。略述之如左：

說文解字第一篇：「理，治玉也；從玉，里聲。」段玉裁注：「鄭人謂玉之未理者爲璞；是理爲剖析也。」由此類推：凡種種分析作用，皆得謂之理；中庸所謂文理密察，卽指此作用也。由此而分析作用之對象，卽物之可分析而粲然有系統者，亦皆謂之理。逸論語曰：「孔子曰：美哉璠璵！遠而望之，奐若也；近而視之，瑟若也；一則理勝，一則孚勝。」此從理之本義之動詞，變而爲名詞者也。更推之而言他物，則曰地理，（易繫辭）曰腠理，（韓非子）曰色理，曰蠶理，曰箴理，（荀子）（六）就一切物而言之曰條理，（孟子）然則理者，不過謂吾心分析之作用，及物之可分析者而已矣。（靜庵文集釋理）其在西洋各國語中，理字之義，自動詞變爲名詞，與我國大致相同。英語之理字，含有推理之能力，同時又用爲言語之義；德語之表理性字，含有聽言語而知其所傳之思想之意；是可知西洋各國語，皆以思索之能力，及言語之能力，卽他動物之所無，而爲人類所獨有者，謂之理性。而從吾人理性思索之徑路，則下一判斷，必不可無其理由。於是各國語於理性之外，又有理由之意義。吾國之理字，兼有理性與理由之二義。（同上釋理）

王氏說明理字最初之意義，不過理性理由二者，皆屬主觀的性質；及沿用既久，乃由主觀的而變爲客觀的；如宋儒以理之淵源，存於萬物；遂予理字以特別之意義。朱子謂「天地之間，有理有氣；理也者，形而上之道也，生物之本也；氣也者，形而下之器也，生物之具也，是以人物之生，必稟此理，然後有性；必稟此氣，然後有形。」又曰：「天以陰陽五行，化生萬物，氣以成形，而理亦附焉。」於是對周子之太極，而予以內容曰：「太極不過一理字。」萬物之理，皆自此客觀的大理而出；故物物各有此理，而物物各異其用，莫非理之流行也。故朱子之所謂理，正與希臘斯多噶派之所謂理相同；皆預想一客觀的理，存於生天生地生人以前，而吾心之理，不過其一部分而已。可見理字意義之變化，古今中外，有同一之傾向也。

至問及理字何故發生如是變化？王氏之說明，頗爲確當。彼謂吾人之知識，分爲兩種：一直觀的知識，一概念的知識。直觀的知識，自吾人之感性及悟性得之；而概念之知識，則由理性得之。直觀的知識，人與動物共之；概念的知識，則唯人類所獨有；人類既享有動物所不能有之利益，亦能陷於動物所不有之謬誤。夫動物所知者，個物耳；就個物之觀念，但有全偏明昧之別，而無正誤之別。人則以有概念故，從此犬彼馬之個物觀念中，抽象之而得動物之觀念；更合之植物、礦物，而得物之觀念；夫所說物，皆有形質可衡量者也。而此外尚有不可衡量之精神作用，而人之抽象力，進行不已，必求一語以賅括之，無以名之，強名之曰「有。」所謂物者，非實物也，概念而已矣。所謂有者，非離心與物之外，別有一物也，概念而已矣。然如物之概念，究竟離實物不遠，其生誤解也不多；至最普徧之概念之「有」字，其初固亦自實物抽象而得，逮用之既久，遂忘其所自出，而視爲表示特別之一物。古今中外之哲學家，往往以「有」字爲有一種實在性；在中國則曰「太極，」曰「玄，」曰「道；」在西洋則謂之「神。」及傳衍既久，遂以爲一種自證之事物，而若無待根究者。人而不求眞理則已，若果欲求眞理，則此等謬誤，不可不深察而辯明之也。理之概念，亦無以異此。其在中國，初不過謂物之可分析而有系統者，輾轉相借，遂成朱子之理卽太極說。其在西洋，本不過理由理性二說，輾轉相借，前者衍爲斯多噶派之宇宙大理說；後者衍爲康德以降之超感情的理性說。其去理之本義，固已遠矣。此無他，以理之一語，爲不能直觀之概念，故種種謬誤，得附此而生也。（同上）

第四節　介紹之學說

王氏與嚴復，同時介紹西洋學說於中國：嚴氏所介紹者，爲英國哲學；王氏所介紹者，乃德國哲學；此其不同者也。王氏於其靜庵文集自序云：「余之研究哲學，始於辛壬之間，（一九〇一—一九〇二）癸卯春，始讀汗德（卽康德）之純理批評，苦其不可解，讀幾半而輟，嗣讀叔本華之書而大好之；自癸卯之夏以至甲辰之冬，皆與叔本華之書爲伴侶之時代也。其所愜心者，則在叔本華之知識論；汗德之說，得因之以上窺。然於其人生哲學觀，其觀察之精銳，與議論之犀利，亦未嘗不心怡神釋也。後漸覺其有矛盾之處。……旋悟叔氏之說半出於其主觀的氣質而無關於客觀的知識，此意於叔本華及尼采一文中始暢發之。今歲之春，（一九〇四年乙巳）復返而讀汗德之書，嗣今以後，將以數年之力研究汗德，他日稍有所進，取前說而讀之，亦一快也。」是知王氏介紹德國哲學，頗擬集中精力於汗德之書；初讀不解，始先治叔本華之學，以期借徑而通汗德。其治汗德之學，輟而復作者凡四次；乃倦於哲學而轉治文學。曾草三十自序一文，歷述其倦於哲學之故云：「至於今年，於汗德哲學，從事第四次之研究，則窒礙更少，而覺其窒礙之處大抵其說之不可恃者也。此則當日志學之初所不及料，而在今日，亦得以自慰者也。」又云：「余疲於哲學有日矣；哲學上之說，大都可愛者不可信，而可信者不可愛。余知其理，而余又愛其謬誤偉大之形而上學，高嚴之倫理學，與純粹之美學，此吾人所酷嗜也。然求可信者，則寧在知識論上之實證論，倫理學上之快樂論，與美學上之經驗論。知其可信而不能愛，覺其可愛而不能信，此近二三年中最大之煩悶也。而近日之嗜好，所以漸由哲學而移於文學，而欲於其中求直接之慰藉者也。」又云：「以余之力，加之以學問，以研究哲學史，或可操成功之券。然爲哲學家不能，爲哲學史家則又不願，此亦疲於哲學之原因也。」是知王氏因對於哲學不無懷疑，乃舍之而治文學；晚年乃復以考古學著名。於介紹哲學之工作，未有結果。夫汗德爲德國之大哲學家，國人聞其名多知之，而於其學說，則僅見一鱗一爪，無有能窺其全豹者。王氏之介紹不能成功，固可惜；而王氏以後，至今未有人能盡此介紹之任者，國人學術思想之貧弱，可見一斑矣。

王氏所介紹者，爲叔本華與尼采二人之學說。而於叔本華較詳，於尼采則較略。其述叔本華之哲學云：

汗德以前之哲學家，除其最少數外，就知識之本質問題，皆奉素朴實在論。卽視外物爲先知識而存在，而知識由經驗外物而起者也。……汗德獨謂吾人知物時，必於空間及時間中，而由因果性整理之。然空間、時間者，吾人感性之形式；而因果性者，吾人悟性之形式；此數者皆不待經驗而存，而構成吾人之經驗者也。故經驗之世界，乃外物之入於吾人感性悟性之形式中者，與物之自身異。物之自身，雖可得而思之，終不可得而知之，故吾人之所知者，惟現象而已。叔本華於知識論上，奉汗德之說曰：世界者，吾人之觀念也；一切萬物，皆由充足理由之原理決定之；而此原理，吾人知力之形式也。物之爲吾人所知者，不得不入此形式；故吾人所知之物，決非物之自身，而但現象而已；易言以明之：吾人之觀念而已。然則物之自身，吾人終不得而知之乎？曰，否，他物則吾不可知，若我之爲我，則爲物之自身之一部，昭昭明矣。而我之爲我，其現於直觀中，則塊然空間及時間中之一物，與萬物無異。然其現於返觀時，則吾人謂之意志而不疑也。而吾人返觀時，無知力之形式，行乎其間，故返觀時之我，我之自身也。然則我之自身，意志也。而意志與身體，吾人實視爲一物；故身體者，可謂意志之客觀化，卽意志之入於知力之形式中者也。吾人觀我時，得由此二方面；而觀物時，只由一方面，卽惟由知力之形式中觀之；故物之自身，遂不得而知。然由觀我之例推之，則一切物之自身，皆意志也。（靜庵文集叔本華之哲學及其教育學說）

於此可見叔本華之知識論與汗德不同之處。汗德謂經驗的世界，有超絕的觀念性，與經驗的實在性。叔氏則一轉其說，謂一切事物，有經驗的觀念性，超絕的實在性。故其知識論，自一方面觀之，則爲觀念論；自他方面觀之，則又爲實在論，而與昔之素朴實在論則迥然不同。

叔氏之知識論，既側重意志。於是對於形而上學及心理學，改變古來之主知論，而倡爲主意論。蓋彼既由吾人之自覺而發見意志爲吾人之本質，因之以推論世界萬物之本質，自是當然之結果。其言云：

吾人苟曠觀生物界，與吾人精神發達之次序，則意志爲精神中之第一原質，而知力爲其第二原質，自不難知也。……就實際言之；則知識者，實生於意志之需要；一切生物，其階級愈高，其需要亦愈增；而其所需要之物，亦愈精而愈不易得；而其知力，亦不得不應之而愈發達。故知力者，意志之奴隸也；由意志生，而還爲意志用者也。……至天才出，而知力遂不復爲意志之奴隸，而爲獨立之作用。然人之知力之所由發達，由於需要之增，與他動物固無以異也。則主知說之心理學，不足以持其說，不待論也。心理學然，形而上學亦然。（同上）

王氏謂叔本華之說出，而形而上學、心理學，漸有趨於主意論之勢，大有造於斯二學，其言誠然。叔本華更由形而上學，進說美學。其言云：

夫吾人之本質，既爲意志矣。而意志之所以爲意志，有一大特質焉；曰：生活之欲。何則？生活者非他，不過自吾人之知識中所觀之意志也。吾人之本質，既爲生活之欲矣；故保存生活之事，爲人生惟一大事業。……向之圖個人之生活者，更進而圖種姓之生活。……於是滿足與空乏，希望與恐怖，數者如環無端，而不知其所終。……然則此利害之念，竟無時或息歟？吾人於此桎梏之世界中，竟不獲一時救濟歟？曰：有。惟美之爲物，不與吾人之利害相關係，而吾人之觀美時，亦不知有一己之利害。……若不視此物爲與我有利害之關係，而但觀其物，則此物已非特別之物，而代表其物之全種，叔氏謂之曰實念；故美之知識，實念之知識也。

而美之中，又有優美與壯美之別：……此二者之感吾人也，因人而不同；其知力彌高，其感之也彌深；獨天才者，由其知力之偉大，而全離意志之關係，故其觀物也，視他人爲深，而其創作之也，與自然爲一；故美者，實可爲天才之特許物也。若夫終身局於利害之桎梏之中，而不知美之爲何物者，則滔滔皆是。且美之對吾人也，僅一時之救濟，而非永遠之救濟，此其倫理上之拒絕意志之說，所以不得已也。（同上）

叔氏於倫理學上拒絕意志之說，究如何立腳？王氏以爲叔氏之倫理學，可從其形而上學進窺之。其言云：

從叔氏之形而上學，則人類於萬物，同一意志之發現也。其所以視吾人爲一個人，而與他人物相區別者，實由知力之蔽。夫吾人之知力，既以空間時間爲其形式矣，故凡現於知力中者，不得不複雜；既複雜矣，不得不分彼我；然就實際言之，實同一意志之客觀化也。……故空間時間二者，……個物化之原理也。自此原理，而人之視他人及物也，常若與我無毫髮之關係。……若一旦超越此個物化之原理，而認人與已皆此同一之意志，知己所弗欲者，人亦弗欲之。各主張其生活之欲而不相侵害；於是有正義之德。更進而以他人之快樂，爲己之快樂；他人之苦痛，爲己之苦痛；於是有博愛之德。於正義之德中，己之生活之欲，已加以限制；至博愛則其限制又加甚焉。故善惡之別，全視拒絕生活之欲之程度以爲斷。其但主張自己之生活之欲，而拒絕他人生活之欲者，是爲過與惡。主張自己亦不拒絕他人者，謂之正義。稍拒絕自己之欲，以主張他人者，謂之博愛。然世界之根本，以存於生活之欲之故，故以苦痛與罪惡充之。而在主張生活之欲以上者，無往而非罪惡。故最高之善，存於滅絕自己生活之欲；且使一切物皆滅絕此欲，而同入於涅槃之境。此叔氏倫理學上最高之理想也。」（同上）

王氏以爲叔氏在哲學上之位置，在古代可比於希臘之拍拉圖；在近世可比於德意志之汗德。然拍拉圖之說眞理，猶被以神話之面具，而叔氏則否；汗德之知識論，僅爲破壞的，而叔氏則爲建設的，且自叔氏以降之哲學家，罔不受叔氏學說之影響。王氏之推崇叔氏，可謂至矣。其對於叔氏學說之研究，十分透徹，故介紹亦頗得要領。

十九世紀德意志之哲學界，有二大偉人焉：曰叔本華；曰尼采。王氏於介紹叔本華學說之後，又介紹尼采之學說。尼采之學，出於叔氏，其初極端崇拜之，其後乃極端與之反對。王氏作叔本華與尼采一文，（見靜庵文集）比較二人之說，以明其所以反對之理由。其言云：「二人以意志爲人性之根本也同；然一則以意志之滅絕爲其倫理學上之理想，由意志同一之假說，而唱絕對之博愛主義；一則反之，而唱絕對之個人主義。……尼采之學說，全本於叔氏，其後雖若與叔氏反對，要不外以叔氏之美學上之天才論，應用於倫理學而已。」此則王氏能深窺二人之學說，得到最確之評論也。

尼采之倫理學，出於叔氏，而獨趨於反對之方面。蓋尼采亦以意志爲人之本質，而於叔氏之意志滅絕說，則不以爲然；謂欲滅絕此意志者，亦一意志也，故不滿其說。而於叔氏之美學中，則發見其可模倣之點，卽取其天才論，與知力之貴族主義，爲其超人說之根據。是則尼氏之說，乃徹頭徹尾，發展其美學上之見解，而應用於倫理學者也。叔氏謂吾人之知識，無不從充足理由之原則者，獨美術之知識則不然。其言曰：

「美術者，離充足原理之原則，而觀物之道也。……天才之方法也。」……尼采乃推之於實踐上，而以爲道德律之於個人，與充足原理之與天才，一也。……由叔本華之說，最大之知識在超絕知識之法則；由尼采之說，最大之道德，在超絕道德之法則。……於是由知之無限制說，轉而唱意之無限制說。……至說超人與衆生之別，君主道德與奴隸道德之別。……叔氏謂知力上之階級，惟由道德聯結之；尼氏則謂此階級，於知力道德皆絕對的不可調和。此其見解雖不同，而應用叔氏美學之說於倫理上，則昭然可覩也。

叔本華與尼采二人，性行相似，知力之偉大相似，意志之强烈亦相似。其在叔本華則曰：「世界者，吾人之觀念也。於本體之方面，則曰世界萬物，其本體皆與吾人之意志同，而吾人與世界萬物，皆同一意志之發現也。自他方面觀之：世界萬物之意志，皆吾之意志也。於是我所有之世界，自現象之方面，而擴於本體之方面；而世界之在我，自知力之方面，而擴之於意志之方面。然彼猶以今日之世界爲不滿足，更進而求最完全之世界，故其說雖以滅絕意志爲歸，……非眞欲滅絕也，不滿足於今日之世界而已。……彼之形而上學之需要在此；終身之慰藉亦在此。……若夫尼采，以奉實證哲學故，不滿於形而上學之空想；而其勢力炎炎之慾，失之於彼岸者，欲恢復之於此岸；失之於精神者，欲恢復之於物質。……彼效叔本華之天才，而說超人；效叔本華之放棄充足理由之原則，而放棄道德；高視闊步而恣其意志之遊戲；宇宙之內，有知意之優於彼，或足以束縛彼之知意者，彼之所不喜也。故彼二人者，其執無神論同也；其唱意志自由論同也。……其所趨雖殊，而性質則一。彼等之所以爲此說者，無他，亦聊以自慰而已。

王氏介紹尼采之學說，不及其說叔本華之詳。至民國九年，民鐸雜誌第二卷之尼采號出板，其中有尼采傳及其一生之思想，敍述乃比較詳備。

第五節　結論

王氏於舉國未曾注意德意志哲學之時，獨能首先爲之介紹，雖未克終其業，然其功亦不可沒也。王氏自言疲於哲學，漸移其興趣於文學；而以我國文學之最不振者，莫若戲曲，思有以董理之，於是有戲曲考源唐宋大曲考曲調源流考之作。及殷墟文出土，王氏又轉其方向於考古學；於龜契之文，鑿空創通，爲之箋釋，卓然大成。清代考證學之途窮，一轉另闢一新天地，蔚爲考古學，實王氏爲之樞紐也。

中華哲學叢書

中國近三百年哲學史

作　　者／蔣維喬　編著
主　　編／劉郁君
美術編輯／中華書局編輯部

出 版 者／中華書局
發 行 人／張敏君
行銷經理／王新君
地　　址／11494 台北市內湖區舊宗路二段181巷8號5樓
客服專線／02-8797-8396　　傳　　真／02-8797-8909
網　　址／www.chunghwabook.com.tw
匯款帳號／兆豐國際商業銀行　東內湖分行
067-09-036932　中華書局股份有限公司

法律顧問／安侯法律事務所
印刷公司／維中科技有限公司　海瑞印刷品有限公司
出版日期／2015年7月台四版
版本備註／據1980年11月台三版復刻重製
定　　價／NTD 240

國家圖書館出版品預行編目（CIP）資料

中國近三百年哲學史 / 蔣維喬編著. —台四版.
— 台北市 : 中華書局, 2015.07
面 ; 公分. —（中華哲學叢書）
ISBN 978-957-43-2523-8(平裝)

1.中國哲學史 2.近代哲學

120.9　　104009908

NO.B0005
ISBN 978-957-43-2523-8（平裝）